# Modes de garde, mode d'emploi

Pour Clémence
Comme ça tu seras hyper callée quand tu plongeras dans cet univers aussi complexe que passionnant.
Je t'embrasse bien fort.
Laure

LAURE LETER

# MODES DE GARDE, MODE D'EMPLOI

À QUI CONFIER MON ENFANT ?

ALBIN MICHEL

# Qui va garder mon enfant?

Pour un parent qui travaille, une bonne information sur les modes de garde est le nerf de la guerre. Il existe des manuels pour tout, même pour survivre dans la jungle. Mais très peu pour décrypter le grand « mercato » des crèches et des assistantes maternelles. Or, dans ce domaine, l'opacité règne. Comment se décident les admissions en crèche ? Que peut-on négocier dans un contrat avec une assistante maternelle ? Quels sont les tarifs réels des microcrèches ? ceux des prestataires de services ? Comment obtenir un berceau dans une crèche interentreprises ? Quelles questions poser à une nounou lors d'un entretien d'embauche quand on n'est pas DRH ? Combien les modes de garde coûtent-ils réellement, après les aides de l'État ?

Et, surtout : qui va garder mes enfants ?

Vous êtes plus rassuré(e) par la collectivité ? Plusieurs solutions peuvent vous convenir (si la « chance » est avec vous) : la crèche municipale, la crèche familiale (assistantes maternelles payées par l'État), la crèche parentale, la crèche associative, la microcrèche. Vous pouvez aller directement aux chapitres 1 à 5.

Vous êtes salarié(e) et votre employeur accepte de financer un berceau pour votre enfant dans une crèche interentreprise, proche de votre travail ou de chez vous ? Ou bien, vous n'êtes pas salarié(e) mais vous aimeriez bénéficier d'un accueil occasionnel dans une crèche interentreprise ? ➔ *Passez directement au chapitre 4.*

Vous travaillez tôt le matin ou vous rentrez tard le soir, vos horaires changent d'une semaine à l'autre, vous travaillez parfois la nuit, vous avez besoin d'une halte-garderie ? ➔ *Le chapitre 6 vous concerne.*

Vous préférez confier vos enfants à une assistante maternelle qui travaille chez elle ? ➔ *Allez au chapitre 8.*

Vous venez d'accoucher et vous allez embaucher une auxiliaire parentale qui viendra s'occuper à votre domicile de votre bébé, seul ou en garde partagée avec une autre famille ? ➔ *Consultez les chapitres 9 et 10.*

Vos enfants sont scolarisés ? Vous pouvez les inscrire à un centre aéré public (ou privé) ou les confier à un (une) baby-sitter que vous recruterez vous-même ou via un prestataire de service. ➔ *Rendez-vous au chapitre 11.*

## Quelle est la situation des modes de garde en France ?

*Entre 350 000 et 500 000 : c'est le nombre de places qui manquent pour l'accueil des moins de trois ans. Le gouvernement a annoncé la création de 275 000 places d'ici à 2017.*

En 2011, 52,2 % des 2,5 millions d'enfants de moins de trois ans pouvaient théoriquement être accueillis sous une forme ou sous une autre[1]. Mais, dans la vraie vie, 63 %

1. En 2006 ils étaient 47,7 %. Rapport de la Cour des comptes, « L'accueil des moins de trois ans. Une politique ambitieuse, des priorités à mieux cibler », novembre 2013.

d'entre eux sont gardés principalement par un ou leurs deux parents[1] ; même quand ces derniers travaillent tous les deux, 30 % des enfants sont gardés principalement par eux. Cela ne signifie pas qu'ils n'ont pas un autre mode de garde pour une partie du temps. Le travail à domicile et le décalage des horaires expliquent en très grande partie cette garde parentale : 18 % ont une mère travaillant à domicile, 73 % des parents ont des horaires décalés.

Vous avez bien lu : la garde des enfants, c'est encore la « grande débrouille »[2].

Ce phénomène est mis périodiquement en lumière, à la faveur d'un « scandale », comme celui des « crèches clandestines » de la Canebière marseillaise[3]. Mais, après quelques reportages sur les nounous philippines sous-payées et les places en crèche collective aussi peu accessibles qu'un travail dans la mode sans piston, le sujet retombe dans l'oubli.

*Le financement de l'accueil des jeunes enfants est réparti entre la branche famille de la Sécurité sociale (73 %), via les Caisses d'allocation familiales (CAF), les collectivités territoriales (17 %) et l'État (10 %).*

Et pourtant, la France fait partie des « bons élèves » de l'Europe[4]. Elle se situe entre les pays nordiques (Suède), où l'État prend en charge tous les services de garde, et certains pays du Sud (Italie), qui comptent encore sur les solidarités familiales, avec des solutions associatives ou privées, et des services publics

1. Olivia Sautoray, « Travailler et garder son enfant en bas âge », *Études et résultats*, n° 749, DREES, février 2011.

2. Julia Dion et Clémence Leveau, « Garde d'enfants : la grande débrouille », *Elle*, 12 novembre 2012.

3. En juillet 2012, une crèche clandestine tenue par une assistante maternelle qui accueillait chez elle une dizaine d'enfants sans agrément a été fermée. Une autre a subi le même sort quelques mois plus tard.

4. D'après le rapport de Michèle Tabarot à l'Assemblée nationale sur l'offre d'accueil de la petite enfance (juillet 2008), elle a atteint l'objectif consistant à accueillir dans ses structures de garde au moins 33 % des enfants de moins de trois ans (avec la Belgique, la Finlande, la Suède et le Danemark).

limités[1]. L'État français assume une politique nataliste, sans pourtant privilégier telle ou telle solution : les parents peuvent donc décider de travailler ou de prendre un congé parental et, en principe, choisir entre plusieurs solutions de garde, publiques et privées, selon leur sensibilité (et leurs revenus !).

*Les grands-parents, quant à eux, assurent 23 millions d'heures de garde hebdomadaires.*

Pour les plus petits : la crèche collective, l'assistante maternelle (qui accueille plusieurs enfants chez elle) et l'auxiliaire parentale (qui s'occupe des enfants au domicile des parents). Pour les plus grands, la garderie de l'école et les baby-sitters.

En écho à ce principe de choix multiples il existe une aide, instaurée en 2004 pour faciliter l'accès à une garde individuelle, le « complément du libre choix du mode de garde » (CMG)[2] – celle qui est versée en cas de congé parental s'appelant le « complément du libre choix d'activité » (CLCA)[3].

Pourquoi, alors, tant de parents ont-ils le sentiment que trouver une solution de garde pour leur enfant est plus une question de « chance » que de « choix » ?

– Première explication : toutes les solutions ne sont pas également disponibles ou faciles d'accès. Selon l'endroit où vous vivez en France le nombre de places d'accueil pour 100 enfants peut varier de 9 à 80.

– Ensuite, tous les modes de garde n'ont pas le même prix. Seule la crèche module ses tarifs en fonction des revenus des parents, mais elle n'accueille en France que 1 enfant sur 10. Pour un plein temps, la garde individuelle coûte souvent plus cher, au moins avant de percevoir les aides publiques

1. CAF, « Jeunes enfants : les expériences innovantes d'accueil à horaires atypiques », *L'E-ssentiel*, juillet 2005.

2. Cette aide fait partie des « prestations d'accueil du jeune enfant » (PAJE).

3. Et aussi le complément optionnel de libre choix d'activité (COLCA) à partir du troisième enfant.

(pour un mi-temps, l'assistante maternelle est parfois moins chère que la crèche)[1].

### LES GRANDS-PARENTS : UN RECOURS PRÉCIEUX... À UTILISER AVEC PRÉCAUTION

Environ 7 % des moins des trois ans seraient gardés principalement par leurs grands-parents. « J'ai confiance en ma mère qui s'occupe de mon fils trois jours par semaine, se réjouit Camille. Parfois elle nous prépare le dîner, elle repasse même nos T-shirts ! » Elle précise cependant que, même si ça se passe bien, cette situation est temporaire : « Quelques mois, le temps de trouver une autre solution. » Car, bien souvent, ce service « gratuit » se paye d'une autre façon... On se sent redevable, on n'ose pas imposer nos méthodes éducatives par peur du conflit (télé, propreté, sieste...), on se dispute dans le couple (« Tu sais ce que m'a dit ta mère ? »). Trop d'attentes peuvent réactiver d'anciennes blessures (« Mes parents sont toujours disponibles pour s'occuper des enfants de mon frère, moins des miens »). Les grands-parents quant à eux n'osent pas toujours refuser les demandes, et ils peuvent se sentir débordés.

Tout est peut-être une question de dosage : peut-être pas tous les jours mais le mercredi, certains soirs après l'école... pour entretenir ce lien.

1. Voir Zsuzsanna Stefan-Makay, « Qui garde les enfants quand la mère travaille ? », in *Entre travail et famille. Des arrangements de couples aux pratiques des employeurs*, sous la direction d'Arianne Pailhé et Anne Solaz, La Découverte, 2009, ainsi que l'avis du Haut Conseil à la famille publié en février 2014 sur la question du coût des modes de garde.

Lorsque les parents ont réussi à « tenir » jusqu'à l'entrée à l'école, le problème n'est qu'à moitié réglé. Car toutes les communes ne proposent pas d'accueil périscolaire, les aides financières à la garde s'arrêtent à 6 ans et, dans les grandes villes, les parents vivent souvent loin des grands-parents, avec des temps de transport longs, des horaires plus larges que l'école ou la garderie. Le nombre de familles monoparentales ne cesse d'augmenter.

Par ailleurs, si la diversité des solutions peut être perçue comme une bonne chose (difficile, après tout, d'ouvrir des crèches partout)[1], elle rend bien complexe la quête des parents à un moment déjà peu simple de la vie ! Alors même qu'ils découvrent et installent la relation avec leur bébé, ils sont accaparés par la résolution de problèmes pratiques.

La difficulté de trouver une solution disponible, flexible, pas trop chère, est encore portée par les femmes. Ce sont elles qui adaptent leur activité professionnelle aux horaires des modes de garde. Ce sont elles qui réduisent leur temps de travail pour pouvoir garder elles-mêmes les enfants.

Une fois surmontées les difficultés de sa mise en place, les études indiquent que les familles sont en grande majorité satisfaites de l'organisation de leur solution de garde[2]. « Cette globale satisfaction s'explique en partie par la “validation rétroactive du choix imposé”, concept bien connu des experts de la CAF[3] », nuance Gaëlle Guernalec-Levy[4], journaliste au magazine *Parents*. Traduction : « Une fois trouvé un mode de

1. À lire pour un point de vue étranger et optimiste : Claire Lundberg, « Je suis prisonnière du socialisme à la française – et j'adore ça ! », 16 novembre 2012, sur www.slate.fr.

2. D'après le rapport Tabarot et le Baromètre de l'accueil du jeune enfant 2013 de la Caisse nationale d'allocations familiales (CNAF).

3. Les caisses d'allocations familiales (CAF) sont les principales financeurs des modes de garde publics et des aides à la garde.

4. Auteur de *Jamais dans ce lycée. Enquête sur des parents et des élèves sous pression*, François Bourin, 2012.

garde, on finit par s'en satisfaire, pour ne pas partir travailler chaque matin la boule au ventre. »

## Les inégalités territoriales

Comment se répartissent les modes de garde ? Les assistantes maternelles représentent globalement en France 56 % des places d'accueil pour les moins de trois ans, devant les crèches (30 %), l'école maternelle (10 %) et la garde par un salarié à domicile (4 %)[1].

Mais qu'en est-il dans le détail ? A-t-on les mêmes chances de trouver tel ou tel mode d'accueil à Marseille ou à Lorient ?

Non. 88 % des communes ne disposent d'aucun établissement d'accueil du jeune enfant alors que plus d'un quart des naissances ont lieu sur leur territoire[2].

*L'offre d'accueil « collectif »[3] est en moyenne de 13 places pour 100 enfants de moins de trois ans*[4]. Or ces taux varient entre 5 et 39 pour 100 enfants selon les départements. Quand on habite dans l'ouest et le nord de la France, impossible quasiment de trouver une place en crèche, tant leur nombre est réduit. La solution, c'est l'accueil individuel, par les assistantes maternelles. Celles-ci proposent entre 5 et 56 places pour 100 enfants selon les régions. Pour des questions de normes sur la taille de leur logement, elles sont plus rares dans les grandes villes.

---

1. Haut Conseil à la famille, « Accueil des jeunes enfants et offre de loisirs et d'accueil des enfants et des adolescents autour du temps scolaire : la diversité de l'offre et les disparité d'accès selon les territoires », février 2013.
2. *Idem*.
3. Crèches et crèches familiales (assistantes maternelles employées par la mairie).
4. CNAF, « L'accueil du jeune enfant en 2012 », www.caf.fr, novembre 2013.

*Tous types d'accueils confondus, les écarts entre les départements vont de 9 à 80 places pour 100 enfants de moins de trois ans.* C'est dans les régions Ouest, Centre, Auvergne, Bourgogne et Franche-Comté que les capacités sont les plus élevées. En revanche, elles sont plus faibles sur le pourtour méditerranéen et dans le Nord-Est. L'Île-de-France, Paris et les Hauts-de-Seine sont bien mieux pourvus en solutions d'accueil que la Seine-Saint-Denis et le Val-d'Oise[1]. La capacité d'accueil des moins de trois ans est en moyenne à 53,3 % en métropole contre 22,5 % dans les départements d'outre-mer (DOM).

Selon une enquête de la Cour des comptes[2], les solutions sont parfois mal réparties à l'intérieur même d'un département ou d'une commune, et elles ne sont pas toujours en phase avec les besoins. Il existe également de forts écarts entre certains arrondissements dans les grandes villes (40 % d'écart entre le 8e et le 3e à Marseille).

*Toujours selon ce rapport, ces disparités sont source d'inégalités entre les familles qui peuvent se voir imposer des tarifs élevés de la part des assistantes maternelles ou des durées d'accueil supérieures à leurs besoins.* « Elles sont accentuées par le fait que les structures d'accueil privées (crèches privées et assistants maternels) s'installent préférentiellement là où la solvabilité des familles est jugée, à tort ou à raison, supérieure à d'autres secteurs (...). »

Compte tenu de son coût, la garde à domicile n'est utilisée que par les 20 % des ménages les plus aisés et se concentre surtout dans la région parisienne[3].

1. Voir le rapport de la Cour des comptes, « L'accueil des moins de trois ans », *op. cit.*, et Observatoire des inégalités, « L'accueil des tout-petits inégalement répartis sur le territoire », www.inegalites.fr, octobre 2013.

2. Rapport de la Cour des comptes, « L'accueil des moins de trois ans », *op. cit.*

3. CNAF, « L'accueil du jeune enfant en 2011 », www.caf.fr, novembre 2012.

### Une inégalité également sociale

→ p. 245.

En France, 64 % des ménages les plus aisés font garder leur enfant contre 8 % pour les familles les plus modestes[1].

Ces chiffres expliquent sans doute qu'en 2009, les 10 % des familles les plus pauvres bénéficiaient de 120 millions d'euros d'aide à la garde de leurs enfants et les 10 % des familles les plus aisées de 1 053 millions d'euros[2]. Stupéfiant, mais sans doute logique étant donné ce qui précède : les familles les moins aisées ne font quasiment pas garder leurs enfants hors de leur cercle familial[3]. Elles ne demandent donc pas d'aide à la garde...

Le principe d'un « tiers payant » a été voté afin que les familles aux revenus les moins élevés puissent faire appel à une assistante maternelle (aides de la CAF versées directement à l'assistante maternelle sans que les parents aient besoin d'en faire l'avance).

1. Rapport de la Cour des comptes, *op. cit.*, et DRESS, Études et résultats, n° 678.
2. Cour des comptes, rapport sur la Sécurité sociale, 2012.
3. DRESS, *Mode de garde et accueil du jeune enfant*, 2007.

## Concrètement où en est-on ?

*Dans les années 1970 et 1980, c'est la création de crèches qui est à l'honneur. L'accueil par les assistantes maternelles se développe à partir des années 1990.*

Un regard optimiste retient que le nombre de places entre 1995 et 2010 a augmenté lentement mais régulièrement : 6 % par an chez les assistantes maternelles et 2 % pour les crèches

– la scolarisation des enfants à deux ans a en revanche chuté de 6 % par an sur la même période[1], mais elle remonte depuis 2013.

Les besoins des enfants sont mieux pris en compte, on ne parle plus de garde mais « d'accueil ». La crèche reçoit désormais les enfants dont les parents ne travaillent pas et elle évolue vers un système « à la carte » qui se veut plus adapté aux besoins des familles. Elle s'est ouverte (un peu) aux enfants porteurs de handicap. Son tarif est le même partout en France. L'assouplissement de ses horaires est encouragé et quelques crèches de nuit ont ouvert pour tenter de répondre aux nouvelles contraintes économiques des parents.

Des crèches interentreprises ont également vu le jour pour les salariés. Depuis 2004, il est possible de déclarer une auxiliaire parentale à domicile ou une assistante maternelle sans avoir fait une école d'ingénieur (simplification des démarches) et l'aide financière à l'embauche a été améliorée mais reste inégale.

Un regard plus nuancé observe que certains spécialistes craignent que ces évolutions s'accompagnent d'une baisse de la qualité de l'accueil des enfants. Pour compenser une forte pénurie de professionnels qualifiés, l'augmentation du nombre de places serait surtout liée à une rationalisation : « optimisation » du nombre de petits accueillis en crèche et augmentation du nombre d'enfants par assistante maternelle. Ces dernières auraient perdu en souplesse et s'adapteraient moins facilement aux besoins des parents. L'émergence des nouvelles microcrèches, aux tarifs parfois libres, ferait craindre l'apparition d'une offre de garde à deux vitesses. Les auxiliaires parentales (ex « nounous » à domicile) manqueraient toujours de contrôle et de forma-

1. Solveig Vanovermeir, « L'accueil des jeunes enfants : axe majeur de la politique familiale française depuis les années 1970 », DREES, août 2012.

tion. Quant aux sociétés de services à la personne, elles n'auraient pas révolutionné le secteur.

## Que va-t-il se passer dans les trois ans à venir ?

Tous les quatre ans, la Caisse nationale d'allocation familiale (CNAF) et l'État signent une convention d'objectif et de gestion de la petite enfance (la COG). *Pour 2013-2017 la COG prévoit de créer 275 000 places d'accueil pour les 0-3 ans dont :*

- *100 000 « solutions d'accueil » collectif ;*
- *100 000 places chez les assistantes maternelles ;*
- *75 000 places en école maternelle.*

Cette évolution sera financée par une augmentation des ressources du Fonds national d'action sociale (FNAS), qui passera de 4,6 milliards en 2012 à 6,6 milliards d'euros en 2017. Les versements de l'État prévus pour la période de 2013 à 2017 atteindront donc près de 16 milliards d'euros (contre un peu moins de 11 budgetisés pour les cinq années précédentes).

*L'emploi du terme « solution d'accueil » signifie que l'État ne s'engage pas sur un nombre de nouvelles places à créer, en se laissant une marge pour « optimiser » celles qui existent !*

La COG prévoit également de s'attaquer aux inégalités territoriales : 75 % de l'accueil collectif devra être créé là où le manque de places est le plus criant (pour nuancer, précisons que cet objectif figurait déjà dans la précédente COG 2009-2012, à hauteur de 62 %). Les inégalités sociales sont visées par des objectifs d'accueil d'au moins 10 % d'enfants issus de familles pauvres dans les crèches, de soutien aux parents en recherche d'emploi, avec une « attention particulière » portée aux familles confrontées à un handicap.

L'objectif est également de scolariser 30 % des enfants de deux ans[1] « dans des conditions adaptées » (classes spécifiques ou personnel augmenté).

À la rentrée 2013, 97 200 enfants de deux ans vont à l'école, c'est-à-dire 11 % de la classe d'âge (ils étaient 35 % en 2000). Là encore, tout dépend des académies. À Besançon, Rennes et Nantes la scolarisation est élevée. À Paris et Créteil et en Seine Saint-Denis, elle concerne moins de 5 % des enfants[2].

*Quand on parle des enfants de deux ans, ce sont bien des enfants de deux ans, pas de ceux de deux et demi qui auront trois ans dans l'année.*

Ce sont des objectifs. Pas des promesses. « La planification à la française est incitative : c'est une ardente obligation, précise Daniel Lenoir, président de la CNAF, citant le général de Gaulle... Tout le monde doit se mobiliser pour expliquer aux municipalités à quel point ces services sont importants. »

Les communes sont en effet libres de décider de construire ou non des crèches. Il ne s'agit pas d'un service public obligatoire et « aucune incitation financière n'obligera les maires de France à créer des modes d'accueil », a rappelé la présidente de la commission petite enfance de l'Association des maires de France, Élisabeth Laithier[3].

Autre souci, le bazar administratif que représente la petite enfance en France. Outre le fait que cette question est de la compétence de trois ministères différents[4], à l'échelle des territoires il semblerait que les besoins réels des familles soient très mal connus.

1. En priorité dans les secteurs de l'éducation prioritaire, les secteurs ruraux isolés et les régions d'outremer.

2. Note d'information n° 13-33, ministère de l'Éducation.

3. Lors du séminaire de la CAF, « L'accueil de la petite enfance, quelle régulation à l'échelle des territoires ? », qui s'est tenu le 10 décembre 2013.

4. Santé, Affaires sociales, Éducation nationale.

*« En 1994, Simone Veil avait proposé que les communes de plus de 3 500 habitants établissent des schémas locaux d'accueil de la petite enfance, rappelle Alain Feretti, de l'UNAF. Ce projet avait été accepté par l'Assemblée nationale mais il a été rejeté par le Sénat. Le terme "les communes doivent" est devenu "les communes peuvent". C'est pourquoi nous sommes encore sur des inégalités territoriales liées à l'absence de volontarisme et aux difficultés financières des collectivités locales. Dans certains endroits de France, on considère encore que le rôle des femmes est de rester à la maison. La seule solution qui permettrait de régler le problème, c'est que l'accueil collectif soit de la compétence régalienne des communes, comme l'école. »*

Pour améliorer le pilotage et la « vision stratégique », il est prévu que les préfets soient chargés, aux côtés des caisses d'allocations familiales (CAF), des conseils généraux, et des unions départementales des associations familiales (UDAF), de coordonner une commission départementale des services aux familles et d'élaborer des schémas territoriaux en fonction des besoins. « C'est très bien, commente Alain Ferreti, mais, à l'heure actuelle, seul un tiers des conseils généraux se préoccupent véritablement de l'accueil de la petite enfance et y consacrent des moyens. Le principal progrès est que ces schémas seront rendus publics. La société civile sera donc mieux informée, elle pourra s'en saisir[1]. »

Un schéma territorial, c'est, pour aller vite, une carte du département découpée en secteurs. En Haute-Loire par exemple, les crèches sont représentées par une tétine, les relais assistante maternelle par un landau et la quantité de professionnelles est indiquée par un chiffre.

Selon le Haut Conseil à la famille, la volonté de développer des modes d'accueil pour les petits prend le pas sur celle

1. En 2010, seuls 35 % des départements font de tels schémas selon la Cour des comptes, *op. cit.*

d'étoffer les services à destination des enfants scolarisés. Le budget serait tellement contraint qu'on ne pourrait pas habiller Paul sans déshabiller son grand frère Jacques. Cette question occupe beaucoup moins l'espace public (et beaucoup moins de rapports lui sont consacrés)... Pourtant, avec la réforme des rythmes scolaires, on risque d'en entendre parler.

## Qui porte ces questions dans le débat public ?

Il existe quelques collectifs qui se battent pour la qualité des modes d'accueil et la création de solutions collectives.

**Côté professionnels**, Pas de bébé à la consigne, créé en 2009, demande la formation de 10 000 professionnels qualifiés par an, car leur pénurie est l'un des obstacles majeurs à la création de places en crèche. Il s'oppose, entre autres, à la baisse des normes d'encadrement. « Nous luttons contre la tendance à répondre à la quantité au détriment de la qualité », résume une de ses représentantes, la psychologue Dominique Ratia-Armengol.

**Côté parents**, le collectif Crèche qui se passe ?, créé en 2012, revendique la création d'un service public de la petite enfance « comme promis par François Hollande avant son élection ». « On va comparer les propositions des maires en termes de budget, avance concrètement une de ses cofondatrices, Élise Aubry. Quels sont les arbitrages ? Ce million d'euros, là, à quoi va-t-il être affecté en priorité ? Est-ce vraiment le rôle des communes de tant subventionner des clubs de foot professionnels, par exemple ? Comment construire une politique locale qui réponde aux besoins réels ? » Dans la pratique, peu de parents se regroupent autour de la question des modes de garde. Normal. Qui a le temps de créer des lobbys entre deux couches et trois biberons ? Et pourtant...

## ... QUELS MOTS POUR ACCOMPAGNER LES SÉPARATIONS?

*Myriam Szejer, pédopsychiatre, psychanalyste, a fondé l'association La Cause des bébés (lacausedesbebes.free.fr/). Attachée à la maternité de l'hôpital Foch, à Suresnes (92), elle intervient depuis trente ans auprès des professionnels de la petite enfance. Formée par Françoise Dolto, elle rappelle constamment dans ses ouvrages*[1] *l'importance de la parole pour aider l'enfant dans toutes les circonstances de la vie.*

**Comment préparer les premières séparations?**

Par la parole. Un bébé, même tout-petit, a besoin qu'on lui explique pourquoi on doit le confier à une autre personne. Par exemple: «J'aime mon travail et la loi dit que je suis obligée de le reprendre maintenant. Je ne peux pas attendre plus longtemps.» Ou bien: «Je dois repartir travailler, je n'en ai pas envie mais la maison a besoin d'un deuxième salaire sinon on ne s'en sort pas.» L'important est de dire à l'enfant ce qui fait sens pour nous afin que notre conduite ne reste pas un mystère. Il n'a pas besoin de «tout» savoir, simplement ce qui le concerne, de façon à pouvoir penser ce qui lui arrive.

**Qu'entendez-vous par «ce qui fait sens pour nous»?**

Si par exemple une mère doit sevrer son enfant mais qu'elle n'en a pas envie, l'enfant le sentira et se fera le «porte-parole» de ces sentiments. L'adaptation se passera mal, il refusera de manger avec la personne à laquelle il sera confié... Par ces symptômes, le bébé rendra le

1. Notamment *Si les bébés pouvaient parler*, Bayard, 2011, et *L'Entrée à la maternelle, petite école, grande rentrée*, Bayard, 2012.

sevrage impossible, car il aura perçu le souhait inconscient de sa mère : « Je vais te sevrer mais montre-moi que tu ne veux pas, car je n'en ai pas envie non plus. » C'est pourquoi, même si elle n'en a pas envie, il est important que la mère explique au bébé que le sevrage est son choix. Il est vrai qu'à la naissance, la société met une pression énorme sur les femmes pour qu'elles donnent le sein. Or, deux mois et demi plus tard, elles doivent arrêter pour repartir travailler. Quand on sait que, pour qu'un allaitement fonctionne bien, il faut parfois trois semaines, cela veut dire que les femmes ont quinze jours d'allaitement normal ! Nous ne sommes pas dans les pays scandinaves, dans lesquels la maternité fait partie de la politique. Chez nous, il faut être très motivée pour allaiter en travaillant. Or certaines ont du mal à y renoncer car c'est pour elle une façon de donner de la tendresse à leur enfant.

**Un nouveau-né comprend-il les mots comme une personne qui a déjà fait l'acquisition du langage ?**

Non, il ne comprend pas comme nous comprenons avec notre conscience d'adulte. Mais ça ne veut pas dire qu'il n'a rien à faire avec le langage : il le traite à sa façon. L'acquisition du langage est un processus complexe qui construit ses racines dans la vie anténatale. On sait que les enfants comprennent bien avant de parler. Un bébé est en demande d'informations et, quand on les lui donne, il s'en sert. L'éducation, c'est cette possibilité qui lui est donnée de se penser avec les mots, d'organiser ce qu'il vit. Certains troubles comme des pleurs, un refus de manger ou des troubles du sommeil, par exemple, cessent quand on met des mots sur ce que ressent le bébé.

**C'est pourquoi il est important d'anticiper les retrouvailles et les séparations par la parole?**

Oui, car cela donne à l'enfant des outils pour comprendre ce qui va se passer, pourquoi et combien de temps ça va durer. «Je te confie à la nounou en laquelle j'ai confiance et je reviens à 17 heures.» Il ne sait pas lire l'heure. Mais un peu avant 17 heures, il identifiera une certaine agitation, les préparatifs du départ, le goûter. Tout cela, précédant le retour de sa mère, finira par faire sens pour lui. Si ce n'est pas dit, il est dans du vide: il apprend l'insécurité et l'attente anxieuse. La parole sert d'objet transitionnel, elle symbolise le maintient du lien.

**Pourquoi est-il si difficile pour certaines femmes de se séparer de leur enfant?**

Souvent parce que, pour elles, c'est beaucoup trop tôt. Mais il ne faut pas oublier que, pour d'autres, c'est beaucoup trop tard ! Je connais des femmes qui n'en peuvent plus des couches et des biberons. La société évolue dans ce sens-là. Les femmes investissent beaucoup leur travail, elles ont de multiples activités et aspirations. Cela ne veut pas dire qu'elles n'aiment pas leur enfant. Elles veulent passer des moments de qualité avec lui sans pour autant lui sacrifier tous leurs centres d'intérêt. La société se charge de leur rappeler que, quand on aime trop son travail, cela veut dire qu'on n'aime pas ses enfants. Comme si cela avait quelque chose à voir. C'est encore très machiste.

**Et le bébé, qu'en pense-t-il?**

Il a besoin de quelqu'un, bien sûr. Si c'est sa mère, c'est rassurant pour lui car il la connaît depuis longtemps. Si elle doit être remplacée par quelqu'un d'autre, même par le père, il faut lui expliquer pourquoi. Notre société est organisée comme cela. Nous ne portons pas les bébés en écharpe pendant deux ans. Nous allons au travail, nous les confions à d'autres personnes. Ils sont nés dans cette société-là. Cela a des avantages et des inconvénients. C'est une société très séparante, mais c'est la leur.

**La séparation peut aussi être difficile lorsqu'on a le sentiment de ne pas avoir le mode de garde qu'on aurait choisi...**
Oui, les femmes cherchent, elles se posent des questions... C'est très difficile de confier son enfant à quelqu'un qu'on ne connaît pas, elles sont vraiment torturées par ça. Par ailleurs, à cause de ces difficultés pour trouver un mode de garde, je vois beaucoup de parents terrifiés par leur assistante maternelle ou leur nounou. Celle-ci devient parfois toute-puissante, car, sans elle, les parents ne peuvent plus travailler. Jusqu'à en abuser, en fixant les règles de manière unilatérale. Les parents lui confient quand même leur enfant car ils n'ont pas trouvé d'autres solutions. C'est le revers de la professionnalisation. Elle peut induire un manque de souplesse et de convivialité. Par ailleurs, elle ne garantit pas tout. L'important, c'est de prendre le temps de savoir à qui on confie son enfant. Si on a une inquiétude il vaut mieux changer de nounou. La confiance est essentielle.

**Bien souvent, ils disent ne pas avoir eu le choix...**
Oui, c'est tout le problème. Chaque parent devrait réellement pouvoir choisir le mode de garde qui le tranquilliserait le mieux. Certaines femmes ne veulent pas confier leur enfant à une seule personne car elles craignent, par exemple, que la nounou prenne leur place. Elles ne peuvent envisager que la collectivité, au sein de laquelle leur statut sera moins menacé. D'autres au contraire vivraient la crèche pour leur bébé comme une violence et il serait préférable qu'elle puisse faire appel à une nounou pour travailler sereinement. Car,

quand les femmes n'ont pas pu trouver un mode de garde qui les rassure ou quand il fonctionne mal, c'est l'enfer ! Elles ne peuvent pas travailler. Ce n'est pas un hasard s'il n'y a pas assez de modes de garde en France. La société est encore ambivalente face à l'émancipation des femmes. Nous sommes en transition.

**Quels sont les signes qu'un enfant se trouve bien dans son lieu d'accueil ?**

C'est surtout aux modifications de son comportement par rapport à la période précédant le changement d'accueil qu'il faut être attentif. Si des symptômes apparaissent, quels qu'ils soient (nervosité, sommeil agité, refus de manger, manque de vitalité...), on peut se demander s'il n'y a pas un problème. Le ressenti des parents est le plus souvent assez juste concernant l'état émotionnel de leur enfant.

**Pensez-vous que les parents se sentent plus perdus qu'auparavant à l'arrivée d'un enfant ?**

Oui, ils sont perdus parce qu'ils sont seuls. Ils ne sont plus entourés par leurs familles. Comme les connaissances scientifiques ont beaucoup progressé, ils s'imaginent qu'élever des enfants est une question de savoir et qu'ils ne savent pas. Dès la grossesse les femmes sont obligées d'aller faire la preuve tous les mois qu'elles sont capables de faire un beau bébé : on les pèse, on leur fait des analyses... Quand elles donnent le sein, ça recommence. Comment s'y prendre quand on n'a jamais vu personne allaiter autour de soi ? N'ayant pu intégrer la culture de l'allaitement, elles n'ont pas confiance en elles. Ce sont les auxiliaires de puériculture qui sont censées savoir pour elles. C'est pour cela que les débuts sont aussi difficiles. Les jeunes accouchées sont parfois seules pendant des mois sans une paire de bras en relais. Un nourrisson qui braille, qui a des coliques toute la journée, vous n'en pouvez plus quand vous n'avez pas une autre personne pour vous soulager quelques heures ! Cette solitude est une maltraitance des accouchées incroyable ! 18 % de dépression post-partum, c'est trop. On ne met pas en place les bons relais dès le départ et ensuite on organise de l'aide à la parentalité, qui coûte cher à la société...

**Quelle issue à cette solitude ?**

Je crois beaucoup au tissu social de proximité et à l'entraide entre parents. Ce dont ils ont le plus besoin à mon avis, c'est d'une communauté, de rencontres, de groupes de parole... Avec les membres de l'association La Cause des bébés nous avons imaginé un projet de cafés bébé. Sur le modèle des maisons vertes : un lieu de convivialité et de prévention. En moins institutionnel, même s'il pourrait être animé par des sages-femmes, des psys, des éducatrices. Un endroit au sein duquel les parents pourraient être ensemble. Discuter. Donner des avis. En recevoir. Les bébés ont besoin d'être portés par d'autres personnes que leur mère et les mères ont besoin de partager avec des adultes. Tout le monde nous dit que ce serait formidable, mais nous ne trouvons pas de locaux... Les blogs et les forums sur Internet ont je pense cette fonction de recréer une communauté autour de la mère. Cependant ils ne remplacent pas une présence physique pour elle et pour l'enfant. Si j'avais un conseil à donner aux parents de jeunes bébés, ce serait celui-là : nouez des liens entre vous !

# PREMIÈRE PARTIE

# La garde collective de 0 à 3 ans

## Accueil des crèches en France

Répartition géographique du nombre de places en établissements d'accueil du jeune enfant pour 100 enfants de moins de 3 ans (en %) en 2011

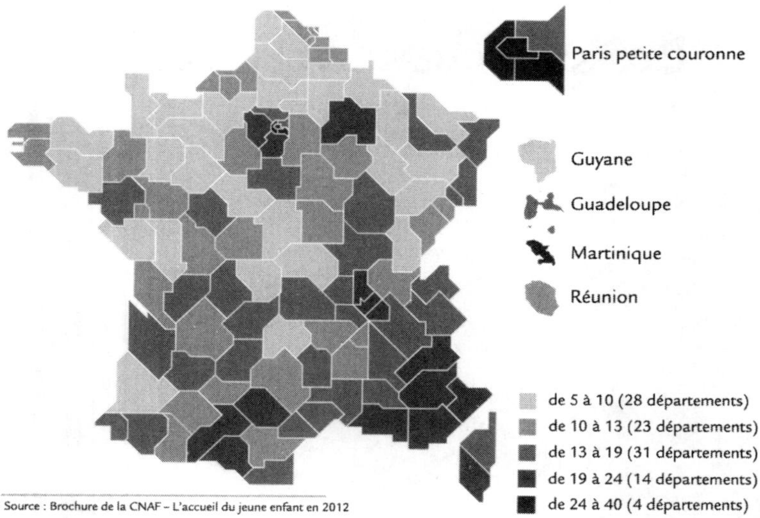


Source : Brochure de la CNAF – L'accueil du jeune enfant en 2012

Pour bien des parents, la crèche est un peu le « Graal » de la garde d'enfant. Principalement à cause de son coût. Mais aussi parce que confier son bébé à une équipe de professionnels est souvent perçu comme plus rassurant. Or seulement 13 % des enfants ont accès à ce mode de garde en France. De plus, on l'a vu, ce chiffre varie fortement selon les régions, les villes, voire les quartiers. Sur 100 enfants, 46 auront une place collective à Paris et entre 20 et 40 sur sa petite couronne. Ils seront une vingtaine dans l'Essonne, les Yvelines, la Marne, le Rhône, les Bouches-du-Rhône ou la Haute-Garonne. Et entre 5 et 10 dans les vingt-huit départements les moins bien pourvus (Morbihan, Côtes-d'Armor, Pas-de-Calais, Landes, Moselle, Manche, Calvados, Haute-Marne...). Ces disparités s'expliquent par des facteurs historiques, géographiques et bien sûr politiques.

En 2011, la capacité d'accueil « théorique » des établissements d'accueil du jeune enfant, qui regroupent les crèches collectives, les crèches familiales (assistantes maternelles payées par la mairie), les crèches parentales (gérées par

*Il naît environ 800 000 enfants chaque année et les enfants de moins de trois ans sont 2,5 millions.*

les parents), les microcrèches, était de 381 700 places sur toute la France[1].

Les parents paient le même tarif que leur enfant soit gardé en crèche collective municipale, associative, parentale ou familiale. Ces crèches ont signé un contrat avec la Caisse nationale d'allocations familiales (CNAF), qui les finance[2]. En contrepartie, c'est elle qui fixe les prix, calculés selon un barème qui dépend des revenus et du nombre d'enfants par famille. Ce tarif est identique partout en France.

À côté de ces établissements, les microcrèches qui s'ouvrent depuis quelques années ne sont en revanche pas toujours financées directement par les CAF (caisses d'allocations familiales)[3]. Dans certaines d'entre elles, les tarifs sont libres. Les familles qui choisissent ce mode d'accueil reçoivent une aide des allocations familiales via le complément du libre choix du mode de garde (CMG) comme s'ils avaient recours à une garde à domicile ou à une assistante maternelle[4].

1. Soit 367 000 places réparties dans 11 248 établissements d'accueil du jeune enfant (EAJE), financés directement par la CAF – crèches collectives, crèches parentales et familiales –, et 14 700 au sein de structures non financées directement par la CAF (dont beaucoup de microcrèches). Les structures collectives (crèches multiaccueil, jardins d'enfant, haltes-garderies) représentent 87 % de cette offre. Source : CNAF, Observatoire de la petite enfance, 2013.

2. Via les caisses d'allocations familiales locales.

3. Sauf à l'investissement.

4. Via le complément du libre choix du mode de garde « structure ».

# 1

# La crèche municipale

Pour les parents, c'est un grand mystère : comment et à qui sont attribuées les places en crèche municipale ? Comme nous allons le voir, les règles du jeu varient souvent d'un département à l'autre, voire d'un établissement à l'autre.

La crèche municipale est celle qui est financée directement par votre mairie[1]. Le service public de la petite enfance étant une compétence facultative des communes, celles-ci sont donc libres de créer, ou non, des crèches pour les enfants de leurs administrés, ce qui explique en partie les diversités constatées sur la carte de France.

Les toutes premières crèches municipales auraient été ouvertes en 1844 par Jean-Baptiste Firmin Marbeau, adjoint au maire du 1er arrondissement de Paris. Son objectif ? Faciliter l'allaitement maternel chez les mères ouvrières, tenues de nourrir leur enfant deux fois par jour. « On lui a donné le nom où naquit Jésus pour exprimer qu'elle ne doit pas se borner aux soins corporels, s'enthousiasmait-il alors[2].

1. Cependant certaines communes en délèguent la gestion à des entreprises privées.

2. Cf. Béatrice Fontanel et Claire d'Harcourt, *L'Épopée des bébés, de l'antiquité à nos jours*, Éditions de La Martinière, 2010.

La crèche n'accorde ses bienfaits qu'aux familles qui en ont besoin et qui en sont dignes ; elle n'admet pas les enfants dont les mères se conduisent mal, ni ceux dont les mères travaillent au logis, ni les enfants malades. (...) La crèche fait beaucoup à peu de frais, hâtons-nous d'en propager l'idée. » Qui a dit paternaliste ?

De 1844 à 1850, les crèches se multiplient, puis leur progression s'arrête : coûteuses, elles sont critiquées par les médecins (manque d'hygiène) et les moralistes (elles détournent les mères de leurs devoirs). À partir de 1880, elles sont relancées par les collectivités locales, aidées par l'État qui souhaite en reprendre le contrôle aux institutions de charité catholiques et diffuser dans les milieux populaires les nouvelles normes d'hygiène. Grâce aux crèches, la pratique de la mise en nourrice disparaît petit à petit (pas totalement avant les années 1930). C'est « l'obsession de la propreté » qui gouverne dans les années 1960, avant tout souci de qualité de relation avec les bébés. Jusqu'en 1972 (!), l'enfant est passé comme un colis par un guichet. « Il est posé dans un berceau, seul, sans jouet familier[1]... » Il faut attendre la diffusion des recherches sur le développement des tout-petits dans les années 1970 pour que les crèches se métamorphosent en ce qu'elles sont aujourd'hui : un lieu dédié à l'« éveil » des bébés.

Désormais les crèches n'accueillent plus seulement des nourrissons « en bonne santé ». Et depuis quelques années, elles s'ouvrent également aux enfants dont les parents sont en recherche d'emploi. Des règles de fonctionnement nouvelles doivent permettre d'accueillir les parents « à la carte », quelques heures par jour ou quelques jours par semaine. ⇨ p. 110.

1. *Ibid.*

Ce système est cependant encore inégalement appliqué et il soulève des interrogations concernant la qualité de l'accueil. Les critères d'attribution des places sont encore très opaques et laissent souvent les parents désemparés.

## L'inscription à la crèche

### Où faut-il s'adresser?

*La préinscription (qu'il faudra valider à la naissance) doit avoir lieu assez rapidement, parfois dès le troisième mois de grossesse, le plus souvent au sixième.* C'est la seconde étape de cette grande course d'obstacles commencée le jour où, test de grossesse dans une main, de l'autre vous avez composé le numéro de la maternité pour être sûre d'y être accueillie neuf mois plus tard. Un entraînement précoce pour les futures inscriptions au foot, à la poterie ou au conservatoire.

C'est à cet instant également que vous pénétrez dans l'univers merveilleux des disparités territoriales. Car, selon les localités, l'inscription sera simplement administrative ou orchestrée par un professionnel de la petite enfance ; vous pourrez vous inscrire dans une seule crèche ou dans plusieurs ; vous serez ou non sectorisés. Certaines villes ont un relais info famille, d'autres des maisons de l'enfance ou des espaces petite enfance, d'autres... rien du tout ! Dans ce dernier cas, les inscriptions ne sont toujours pas centralisées et vous devrez vous inscrire auprès de chaque responsable de crèche...

Bonne nouvelle : la mode est aux « guichets uniques » permettant de regrouper les informations sur les lieux d'accueil. Le département du Rhône a ainsi mis en place des Points info petite enfance dans ses quinze plus grandes communes. « Ils permettent aux familles qui ont besoin d'une solution de garde pour leur enfant de zéro à six ans de s'adresser à un interlocuteur unique, qui évalue leurs besoins en termes de temps d'accueil et qui répercute la demande sur les différentes structures d'accueil», explique Sandrine Roulet, sous-directrice de la CAF du Rhône. Paris a déjà mis en place des Points info famille dans treize arrondissements (plus ou moins efficaces selon les lieux). C'est également le cas à Grenoble, à Bordeaux ou à Toulouse. Dans ces deux dernières villes, les parents se voient attribuer un numéro d'inscription pour une meilleure gestion des listes d'attente. Montpellier s'est également dotée d'un système informatique de «liste unique» centralisant l'enregistrement des demandes. À Marseille, les préinscriptions peuvent s'effectuer directement sur Internet en transmettant des pièces justificatives dématérialisées. Ce portail Internet devrait être dans l'avenir étendu aux établissements associatifs. Il devrait plus globalement être adopté à d'autres villes de France[1].

*Vous trouverez la liste des crèches de votre quartier et des Points info famille sur le site **www.mon-enfant.fr** ou sur le site de votre ville ou de votre arrondissement.*

À la naissance de votre enfant, vous devez confirmer rapidement votre demande auprès des mêmes services compétents (souvent dans le délai d'un mois).

## Comment évaluer vos chances d'obtenir une place en crèche?

Quelles sont les règles du jeu de la loterie? Pour que la fête soit plus folle, chaque ville définit ses propres critères d'attribution. À Paris, à Lyon et à Marseille, ils sont même fixés par chaque maire d'arrondissement!

1. Rapport de la Cour des comptes, «L'accueil des enfants de moins de trois ans», *op. cit.*

*Selon une enquête réalisée par la CNAF en 2011*[1]*, les critères d'attribution sont le plus souvent assez peu formalisés. Quatre établissements sur dix ne les mentionneraient pas tous dans leur règlement intérieur.*

La CNAF a cependant identifié des *critères de recevabilité*: l'âge de l'enfant par rapport au nombre de places de cette section d'âge et le lieu de résidence (un tiers des établissements refuseraient les parents n'habitant pas la commune[2]). Dans les règlements de fonctionnement de certaines villes, il est précisé que les parents qui acquittent la taxe professionnelle pour leur commerce ou leur entreprise sont considérés comme résidents (ce n'est pas toujours le cas).

Viennent ensuite des *critères de priorité*, permettant d'obtenir quasi automatiquement une place: le plus souvent, la gémellité, l'orientation par un service social, le rapprochement des fratries.

Pour le reste, la situation semble être envisagée au cas par cas. Pour deux tiers des établissements, les parents qui travaillent tous les deux sont prioritaires. Mais, pour la même proportion, les ménages dont au moins un parent ne travaille pas le seraient également! Selon la CNAF, cette contradiction peut se résoudre en accordant un temps complet aux familles dans lesquelles les deux parents travaillent et un accueil occasionnel aux autres (un jour ou deux par semaine).

Toujours selon cette enquête, la situation familiale et notamment la monoparentalité ne semblerait pas prépondérante dans la décision, ni la faiblesse des revenus. Le

1. Source: « L'accueil du jeune enfant en 2011 », *op. cit.*

2. Ce qui serait contraire aux recommandations de la CNAF: « Il est souhaitable que les établissements ou services d'accueil n'excluent pas des enfants au motif que leur famille réside sur le territoire d'une autre commune. Un tel accueil peut être justifié soit parce que la commune de résidence n'offre pas de places en établissement ou service d'accueil, soit pour des raisons liées au lieu de travail des parents. » Accueil de la petite enfance, *Guide pratique*, fiche n° 8, « Règlement de fonctionnement ».

temps demandé (jours et nombre d'heures) ne serait utilisé qu'en dernier recours, pour sélectionner les familles.

D'une manière générale, les établissements auraient du mal à se positionner sur un objectif prioritaire et souligneraient la « diversité de leurs missions ». Un peu moins de la moitié des structures interrogées auraient déclaré accueillir des enfants handicapés.

La plupart du temps la demande est examinée en fonction du nombre de places disponibles dans la classe d'âge et de l'ancienneté de la demande. La ville liste souvent quelques critères de priorité, non hiérarchisés (ressources faibles, adoption, parents ou enfants porteurs de handicap, fratrie déjà dans la crèche...)

*Certaines villes, comme Toulouse, ont adopté un système de points :*

- couple dont les deux membres travaillent : 4 points ;
- couple dont un membre travaille : 2 points ;
- famille monoparentale qui travaille : 5 points ;
- famille monoparentale qui ne travaille pas : 3 points ;
- handicap, maladie chronique : 3 points ;
- enfant adopté, famille nombreuse : 0,5 point ; etc.

Des points sont aussi attribués selon les revenus.

C'est une commission unique qui attribue les places. D'après le rapport de cette commission pour 2012 : « Les couples de travailleurs représentaient 65 % des admis. Les familles monoparentales représentaient 24 % des admis. 35 % des admis se trouvaient dans les tranches de revenus les plus élevées. Aucune tranche de revenus n'a obtenu plus de 25 % des places. 152 familles en accueil temporaire, retrouvant du travail, ont bénéficié de la bonification permettant d'accepter le poste. 91 enfants handicapés ou de familles comptant un handicap ont été admis. Soit un peu plus d'un sur deux. ».

D'autres mairies encore, comme Bordeaux, ont adopté ce système de « scoring ». Les critères d'attribution sont annexés au règlement des établissements d'accueil du jeune enfant, consultable en ligne.

Ces grilles à points ont le mérite de la transparence, elles sont néanmoins critiquées comme accordant trop de place à une formule « mathématique » au détriment des situations réelles des familles, et certaines villes craindraient de perdre en souplesse d'examen avec un tel barème prépondéré.

D'autres défendent des choix sociaux très clairs. La ville de Grenoble a institué en 2006 un système de « priorité sociale » pour les familles en dessous du seuil de la pauvreté, en situation de handicap et pour celles qui sont suivies par l'Aide sociale à l'enfance[1]. Un tiers des places serait désormais occupé par ces publics prioritaires.

## Comment connaître les critères d'attribution de votre ville?

Ils sont énoncés dans le règlement de fonctionnement des établissements de la petite enfance (de la commune ou de la crèche s'il n'y en a qu'une). Certaines mairies proposent de télécharger ce règlement sur leur site web (rubrique enfance).

## Qui décide de l'attribution des places?

*Selon les villes, la sélection est décidée par les directeurs de structure ou par des commissions d'attribution.*

Les commissions d'attribution sont composées d'élus, de professionnels de la petite enfance, de directrices de crèche

1. Un rapport de Terra Nova de janvier 2014, « La lutte contre les inégalités commence dans les crèches », présidé par Olivier Noblecourt, adjoint au maire de Grenoble, a soulevé un débat en proposant une prévention précoce et ciblée dans les crèches, notamment via le programme « Parler bambin » mis en place dans cette ville à destination des enfants défavorisés. Voir www.tnova.fr et, sur le blog de Gaëlle Guernalec Levy, « Terra Nova à l'épreuve des professionnels de la petite enfance », www.parents.fr.

et, éventuellement, de représentants des parents. Elles se réunissent, selon les communes, trois ou quatre fois par an ou parfois tous les mois.

« À Paris, les commissions ont lieu presque tous les mois dans les gros arrondissements comme le 18e, le 20e, le 19e, le 12e, m'expliquait Pierre Lada, directeur de cabinet de Christophe Najdovski, adjoint chargé de la petite enfance de Bertrand Delanoë. Dans d'autres comme le 15e et le 17e, elles ont lieu deux fois par an. Nous avons adopté un nouveau règlement cadre en janvier 2014, notamment pour tenter d'harmoniser au maximum les fonctionnements des commissions mais, de par la loi, les mairies d'arrondissement restent libres d'adapter ce cadre à leurs pratiques locales. »

Ce sont les commissions d'avril-mai qui sont les plus attendues. Elles distribuent les places pour le mois de septembre, lorsque la section des grands entre à l'école. C'est le moment où le plus grand nombre de places se libèrent d'un coup ! Car les crèches sont organisées en sections (petite, moyenne et grande). Un « berceau » libéré ne peut être proposé qu'à un enfant du même âge. Le reste de l'année, la situation n'est modifiée que par les déménagements. C'est pourquoi les délais d'attente sont parfois si longs... pouvant aller jusqu'à douze ou dix-huit mois !

*Dans les communes qui n'ont pas mis en place de commission d'attribution, ce peut être les services petite enfance de la mairie ou les directeurs de crèche qui décident.* Selon l'enquête de la CAF précitée, les directeurs ne sont décisionnaires que pour la moitié des places d'accueil régulier et un peu plus pour les autres types d'accueil (en urgence et en occasionnel). Dans deux tiers des cas, ce sont eux qui gèrent les listes d'attente[1]. Ce sont eux également qui les mettent à jour en rappelant les parents, dans la moitié des cas. Dans l'autre moitié des cas,

1. CNAF, Observatoire de la petite enfance, 2011.

ce sont les parents qui doivent rappeler régulièrement pour être maintenus sur les listes.

*Faut-il « harceler » ces décideurs comme on l'entend souvent ?* Tout le monde connaît une mère qui assure avoir réussi à débloquer sa situation en allant « pleurer » à la mairie. Remarquez que bien souvent elle avait des arguments de poids (trois enfants avec neuf mois d'écart chacun par exemple). Dans certaines crèches ou dans certains services petite enfance, on vous explique que chaque démarche (visite, coup de fil) sera récompensée par une petite croix en face de votre nom. La prime aux plus assidus. Et donc aux mieux informés du jeu social. Même si ce procédé peut s'expliquer par des raisons objectives (les responsables doivent s'assurer que le besoin des parents est réel), il contribue au sentiment d'injustice que ressentent ceux qui restent bredouilles.

Est-ce pour cette raison que les Parisiens sont 42 %[1] à percevoir les services de la petite enfance (crèches, haltes-garderies...) comme « une situation plutôt négative » alors que le taux de couverture en établissements d'accueil du jeune enfant est un des plus élevés de France ? « Même si vous augmentez le nombre de places, vous n'augmentez pas mécaniquement la satisfaction car la demande pour ce mode d'accueil augmente également et tous ne peuvent en bénéficier, selon Pierre Lada. Subsiste encore cette idée que la décision est arbitraire et injuste, que celui qui a obtenu une place a bénéficié d'un passe-droit[2]. »

---

1. Enquête réalisée pour *Le Nouvel Observateur* par Ipsos les 14 et 15 novembre 2013 auprès de 804 personnes composant, selon la méthode des quotas, un échantillon représentatif de la population inscrite sur les listes électorales de Paris (Paris).

2. À Paris, certains quartiers ouest (8e, 7e) sont nettement moins bien pourvus en établissements petite enfance que les quartiers est (18e, 19e, 20e).

Dans tous les cas, il vaut mieux au minimum **actualiser votre dossier** tous les six mois auprès des services concernés. Car une suppression est vite arrivée.

*«J'avais fini par obtenir une place en halte-garderie trois jours par semaine, explique Marie, parisienne, mère d'une petite fille de deux ans. Celle-ci ferme à 17h15. Du dépannage donc. Pourtant j'ai appris que mon dossier de demande de place en crèche avait été supprimé par les services petite enfance de la mairie ! Depuis, je me suis inscrite dans une crèche parentale. Je suis en charge du recrutement. Suite à des déménagements, j'ai dû chercher trois familles. Je me suis logiquement rendue au relais information famille de l'arrondissement. Ils n'ont pu me donner que quatre numéros de téléphone de parents en recherche d'une place pour leur enfant, dont un n'était pas bon. Ils m'ont expliqué qu'ils avaient des places vides dans les crèches municipales à ce moment-là ! J'ai surtout eu le sentiment qu'ils n'avaient aucune vision d'ensemble des besoins des parents... La coordination semble très lourde à gérer. Dans cet arrondissement, les familles des classes moyennes sont systématiquement découragées : "Vous n'aurez pas de place", leur dit-on. Par ailleurs, impossible d'obtenir la date exacte de la commission de mai... »*

**Montrer votre motivation** peut avoir son impact. Cependant, n'y perdez pas votre santé. Le harcèlement du délégué petite enfance ou de la directrice de crèche ne garantit en rien l'obtention d'une réponse positive et on peut tout à fait être l'heureux gagnant d'un berceau sans l'avoir rencontré une seule fois. Parlez-en plutôt au boulanger et à la pharmacienne s'ils connaissent le maire. Car certains s'octroient une marge de manœuvre. Le clientélisme se pratique encore par endroits, pour la place en crèche comme pour le logement en HLM. Les commissions d'attribution jouent en cela le rôle de garde-fou.

*« Pour mon premier fils, j'ai suivi le manuel de la parfaite demandeuse de place en crèche, raconte Stéphanie, parisienne, mère de Ari, huit ans, et Eli, neuf mois. J'ai d'abord pris rendez-vous avec le chargé de mission petite enfance de la mairie de mon arrondissement, puis avec toutes les directrices de crèche de mon quartier, six au total. J'allais aux "entretiens de recrutement" avec mon fils Ari tout bébé, pour qu'elles voient comme il était mignon, en espérant qu'il ne pleurerait pas trop. J'ai rappelé ces six directrices tous les mois pour confirmer ma motivation, comme on me l'avait lourdement suggéré à la mairie. Résultat ? Rien. Pas de place. J'ai donc trouvé une nounou en catastrophe. Quand mon fils a eu trente mois, donc six mois avant son entrée à l'école, les services de la petite enfance m'ont proposé une place dans une crèche familiale à l'autre bout de l'arrondissement, c'est-à-dire à une demi-heure à pied de chez moi. J'avais la nounou, mon fils rentrait bientôt à l'école, j'ai refusé cette proposition. On m'a répondu que ce n'était pas la peine de demander une place en collectivité pour mes autres enfants, moi qui avais "tant insisté pour finalement refuser l'offre". Lorsque mon fils Eli est né, nous avions changé d'arrondissement. Je n'ai pas eu l'énergie de repartir en campagne crèche. J'ai simplement déposé mon dossier à la mairie, dans les temps, et confirmé mon souhait à sa naissance. J'avais demandé une place pour septembre en prolongeant mon congé maternité de six mois (mon fils est né en décembre). Les grands entrant à l'école, cela crée un appel d'air pour tous les autres niveaux, petits et moyens, les chances d'avoir une place sont plus importantes. Ça a marché. Mon second fils est en collectivité, chez les moyens. Sans avoir pris aucun rendez-vous avec qui que ce soit. »*

La situation de pénurie des places en crèche peut conduire à des comportements radicaux à l'égard des parents.

*« Je me suis mariée enceinte de huit mois, raconte Isabelle, marseillaise, mère de Zoé, neuf ans, et Théo, sept ans. Après l'échange*

*d'anneaux, j'ai glissé au maire une lettre pour lui demander une place en crèche. Ça a marché ! Une semaine plus tard, j'étais rappelée. Ma fille avait trois mois. La crèche était super mais à une demi-heure de bus de chez moi. Lorsque mon fils est né, ma fille devait entrer à l'école neuf mois plus tard. J'ai alors choisi de prendre un congé parental et de la retirer de la crèche. Je n'envisageais pas de faire une demi-heure de trajet aller-retour le matin et le soir, mais surtout le matin tôt, avec un nourrisson, les tétées, etc. Mon mari s'absente de Marseille pour son travail la moitié du mois. Impossible logistiquement et financièrement d'avoir ma fille à la crèche et une nounou à la maison pour mon fils. Cependant, lorsque j'ai désinscrit ma fille, on m'a fait comprendre que c'était inutile de demander une place pour mon fils en septembre, acquise, selon la directrice, si j'avais laissé Chloé jusqu'à son départ à l'école. Certes je rompais le contrat mais c'était brutal. On m'a renvoyé l'image d'une "trop feignante" pour faire les trajets avec ses enfants. La réalité était un peu plus complexe que cela. En septembre j'ai repris le travail et trouvé une assistante maternelle pour mon fils. »*

Selon les cas, vous entendrez aussi : « Quand même, madame, la première année, vous pourriez prendre un congé parental pour vous occuper de votre enfant. » Les motifs de culpabilisation des mères sont infinis...

*Vous sentez que vos chances d'obtenir une place à plein temps pour vos enfants sont minces ?* Vous pouvez toujours tenter d'obtenir un accueil à mi-temps (trois jours par semaine) ou occasionnel (un ou deux jours par semaine).

→ p. 110.

## La crèche, combien ça coûte ?

Comme nous l'avons vu, les crèches appliquent un tarif défini par la CNAF. Ce barème unique doit permettre d'éviter la sélection du public en fonction des revenus : quel que soit le prix payé par les parents, la CAF complète ce montant pour que la crèche touche exactement la même chose pour chaque heure de garde[1].

*Légalement, les crèches doivent réserver 1 place sur 20 à des parents dont le revenu est inférieur au RSA.*

Comment calculer le montant qui vous sera demandé ?

Prenez vos revenus imposables de l'année 2012 (année N-2). Divisez-les par 12 pour obtenir une moyenne mensuelle.

Multipliez cette moyenne par le taux d'effort suivant, en fonction du nombre de vos enfants :

| **Nombre d'enfants** | 1 | 2 | 3 | 4 à 7 | 8 à 10 | 11 et plus |
|---|---|---|---|---|---|---|
| **Taux d'effort** | 0,06 % | 0,05 % | 0,04 % | 0,03 % | 0,02 % | 0,01 % |

*Le tarif plancher horaire est à 0,37 € avec un enfant (0,18 € à partir de quatre enfants).*

Selon ce calcul, une famille de 2 enfants avec des revenus mensuels de 3 600 € payera donc 1,80 € de l'heure (3 600 x 0,05/100) ; une famille avec 1 enfant et 2 300 € de revenus payera 1,38 € de l'heure (2 300 x 0,06/100).

Si votre enfant est inscrit en accueil parental, familial ou en microcrèche (sous contrat avec la CAF), la formule est identique, mais le taux d'effort est réduit de 0,01 % pour chaque

1. Selon une enquête publiée par la DREES sur le sujet (2009), l'accueil dans les EAJE échappe cependant en partie aux familles disposant de faibles revenus (elles ne seraient que 4 %). L'impossibilité actuelle d'établir, via son système d'information, la répartition des familles selon leur niveau de ressources ne permet pas à la Caisse nationale des allocations familiales d'apprécier les résultats atteints en matière de mixité des publics accueillis (voir rapport de la Cour des comptes, « L'accueil des enfants de moins de trois ans », *op. cit.*). Une expérimentation en ce sens serait en cours sur quatre départements. Merci à Ewelina Cazottes, sociologue auteur de « La pauvreté des enfants face aux changements sociopolitiques », *Empan,* n° 89, 2013.

tranche : 0,05 % pour un enfant, 0,04 % pour 2 enfants, 0,03 % pour 3 à 5 enfants, 0,02 % pour 6 à 10 enfants et 0,01 % pour plus de 10 enfants.

*Ces barèmes s'appliquent entre un revenu plancher de 609 € et un revenu plafond de 4 722 € de ressources par mois.* Au-delà, le directeur de la crèche peut ne pas tenir compte de la partie supérieure de vos revenus ou poursuivre l'application du barème à hauteur d'un plafond plus élevé qu'il fixe lui-même. Le bonus ne va pas dans sa poche : il diminue simplement le montant versé par la CAF (pour compléter celui des parents).

*Par exemple, la Ville de Paris déplafonne à hauteur de 7 145 € de revenus. Une place en crèche à Paris coûte au maximum 857 € par mois.*

Le tarif horaire plafond à Paris est de 4,28 € avec un enfant à charge. Par ailleurs, Paris applique encore un forfait journalier[1] : le prix mensuel est calculé en fonction du nombre de jours d'inscription dans le mois, soit vingt jours à plein temps, et il est facturé que l'enfant vienne ou pas.

Certaines crèches appliquent des majorations aux familles qui n'habitent pas la commune.

À Lille par exemple, les places en crèche sont réservées aux parents ayant leur résidence principale dans la ville. En cas de déménagement hors de Lille, une majoration est appliquée au tarif à compter de janvier de l'année suivante. L'accueil cesse à compter de la rentrée de septembre de l'année de majoration si des Lillois sont en liste d'attente.

*Pour évaluer le prix de la crèche en fonction de vos revenus connectez-vous sur* ***www.mon-enfant.fr*** *(rubrique calcul du prix de l'accueil). Ce site ne prend pas en compte les éventuels déplafonnements (au-delà de 4 722 € de revenus). Si votre foyer gagne plus, renseignez-vous pour savoir si votre ville ou votre crèche déplafonne.*

1. Qui devrait être supprimé selon les nouvelles normes de la PSU (voir p. 110).

Comme à Paris, une grande proportion des structures facturent encore au forfait (journalier ou hebdomadaire) pour au moins une partie de l'accueil, « s'assurant ainsi des recettes (...) souvent très supérieures aux besoins des parents et, par conséquent, au montant des heures effectivement réalisées », selon un rapport de la Cours des comptes[1].

Résumons-nous : le coût de la crèche est le même partout en France, celui-ci ne dépend donc pas du prix de l'immobilier dans tel ou tel quartier, comme on l'entend parfois. Cependant, certaines villes déplafonnent les tarifs pour la dernière tranche de revenus. De même certaines crèches privées (associatives ou entreprises de crèches) ont conclu un accord avec la CAF de leur département en ce sens. *Les parents sont facturés à l'heure ou au forfait*, selon les établissements et les villes.

*D'après la CNAF, certaines crèches font aussi payer aux familles des activités d'éveil (type motricité).*

### DES AIDES POUR UNE BABY-SITTER SORTIE DE CRÈCHE

Vous avez besoin d'un relais deux heures par jour pour aller chercher votre enfant à la crèche et le ramener à la maison ? Vous pouvez bénéficier des aides de la CAF au titre du complément du libre choix du mode de garde « garde à domicile ». Ces aides sont forfaitaires (elles ne dépendent qu'en petite partie du nombre d'heures utilisées) : pour une garde ponctuelle, comme la sortie de crèche, elles diminueront largement votre facture.

➾ p. 241.

1. Rapport de la Cour des comptes, « L'accueil des enfants de moins de trois ans », *op. cit.*

### Qui paye les couches?

Normalement, c'est la crèche. Pourtant d'après la CAF, 64 % des structures ne fournissent pas les produits d'hygiène et les couches, et 17 % ne délivrent pas de repas aux enfants présents à l'heure du midi. Des problèmes de coût, de logistique et de stockage d'après les communes... Qui devraient selon la CAF être résolus progressivement, via des bonus de financement incitatifs.

## Les questions qu'on se pose

### La crèche c'est super, mais...

Des témoignages de parents ravis que leur enfant soit à la crèche, vous en trouverez. Beaucoup. D'abord, confier son enfant à une équipe de professionnels est extrêmement rassurant pour les parents. Quand elle fonctionne bien, la crèche est un repère stable et fiable, pour les enfants comme pour les parents. Ceux-ci sont guidés à chaque étape importante (adaptation, séparation du matin...), ils sont déchargés de l'organisation matérielle de la journée (repas, rythme...). Le règlement ne nécessite aucun calcul compliqué, ils reçoivent simplement une facture chaque mois. Leur enfant tisse parfois de vrais liens avec certains enfants de leur groupe (et eux avec les parents).

Cependant, si elle est un excellent mode de garde, elle a aussi ses inconvénients.

### La crèche est-elle adaptée à tous les enfants?

Pour certains, elle ne serait pas le mode de garde idéal pour des bébés de trois mois. Le bruit, les lumières, les pleurs, les horaires de la collectivité, les maladies... un univers qui demanderait aux tout-petits beaucoup d'efforts. Certains directeurs et directrices de crèches m'ont ainsi avoué avoir mis leur bébé... chez une assistante maternelle.

> *« Les bébés ont besoin de circonstances de garde qui leur permettent de vivre à leur rythme, appuie la psychanalyste Myriam Szejer. La crèche ne peut pas toujours leur apporter cela. Quand on leur demande de faire l'effort d'être séparés de leurs parents, de ne pas être chez eux, de supporter l'hyperstimulation, de s'adapter à des horaires de sommeil et de repas qui ne sont pas toujours ceux qu'ils auraient adoptés spontanément, ça les épuise. Alors ils se blindent. Les parents aussi se blindent. Il faudrait adapter les structures à chaque âge, en reconnaissant la sensibilité et les besoins des tout-petits en fonction de leur développement. »*

Pour d'autres, ce débat sur l'accueil des bébés en crèche est le signe d'un renoncement.

> *« Je constate que la question est apparue lorsqu'on a commencé à sacrifier le maintien de la qualité des crèches, souligne la psychanalyste Sylviane Giampino. Dans les années 1980, personne ne se demandait si on devait mettre un bébé de moins de un an à la crèche. On oublie que cette qualité s'est construite précisément grâce à l'accueil des tout-petits. Car il nécessite des professionnels attentifs, délicats, qui travaillent dans de bonnes conditions. Un bébé peut être très bien en crèche si le taux d'encadrement et les horaires du personnel sont adaptés, si la structure lui propose des alcôves protégées des "grands", avec du calme et des lumières tamisées. Aujourd'hui les parents qui déposent un nourrisson à la crèche se disent qu'ils sont des mauvais parents et les professionnels qui l'accueillent se demandent s'ils ont raison de l'accepter. Pourtant je peux vous assurer que quand un bébé de trois mois arrive dans une crèche, les professionnels sont avec lui d'une attention et d'une vigilance extrêmes ! Ce débat est aussi un des*

*résidus de la sacralisation du lien mère-enfant, une façon de dire aux femmes que leurs bébés sont mieux avec elles pendant la première année, ce qui n'est pas garanti, tant cela dépend de ce qu'elles vivent par ailleurs.»*

Même si les professionnels font tout ce qu'ils peuvent pour s'adapter au rythme des enfants, la crèche reste une collectivité.

«Lors de la première visite, nous informons le parent sur la composition de l'équipe, le projet d'accueil, le déroulement de la semaine d'adaptation, explique une directrice de crèche en Gironde. Nous lui remettons un questionnaire avec les habitudes de l'enfant: mange-t-il à table avec un rehausseur ou dans une chaise haute? S'endort-il dans les bras? Nous essayons d'être au plus près de ses habitudes. Pour les zéro-douze mois nous essayons de coller le plus possible à leur rythme de faim et de sommeil. À partir de douze mois les rythmes sont plus collectifs même si nous essayons, par exemple, de nourrir en premier ceux qui sont arrivés le plus tôt et qui ont le plus faim.»

*La ville de Bordeaux a tenté une démarche de certification pour ses crèches, pour initier une réflexion sur les pratiques et un dialogue avec les parents: Qualicrèche.*

*«J'ai effectué de l'observation en crèche pour devenir éducatrice jeune enfant, raconte Marie. De mon point de vue, le collectif est trop présent pour des enfants si petits. Ils sont encouragés à aller vers les autres alors qu'ils ne se sont pas construits eux-mêmes. Toutes les activités sont collectives. Une éducatrice va passer du temps à installer un atelier pâte à sel qui va durer une minute trente car tous les enfants n'ont pas envie de faire de la pâte à sel en même temps. L'atelier peinture? Deux traits et c'est fini. Les enfants étaient mis au lit exactement à la même heure, et dans le même ordre, même ceux qui ne montraient aucun signe*

*de fatigue. Pour moi les normes d'hygiène prennent le dessus par rapport à l'éducation des enfants, ce qui entraîne une moindre disponibilité envers eux. »*

*« C'est vrai que personne n'est aussi hygiéniste que nous ! confirme une directrice de crèche parisienne. Les Espagnols, les Anglais, les Suédois... ils rigolent de nos surchaussures pour entrer dans les crèches, de nos poignées hautes et de nos lits à barreaux. Nous dépendons encore du ministère de la Santé, alors que dans d'autres pays les crèches dépendent du ministère de l'Éducation. »*

## La crèche est-elle un mode de garde fiable?

Oui. Elle vous assure une solution sur laquelle vous pouvez compter toute l'année, dans la continuité. Elle ne vous plante pas en cas de grève des transports (quoique...). Cependant, ce n'est pas un scoop, les enfants en collectivité tombent malades plus souvent. Il faut rester à la maison pour s'en occuper. La crèche ferme au moins trois jours par an pour journées pédagogiques : Il faut organiser une alternative. Elle s'arrête parfois à 18 h 15 le soir, pas question d'être en retard... Certes, le relais baby-sitter ne coûte pas si cher que ça grâce aux aides de la CAF. Mais il faut le trouver.

Le choix de la crèche est le plus souvent motivé par la confiance dans les professionnels de la petite enfance. Le travail en collectivité rassure les parents, inquiets de livrer leurs enfants aux mains d'une auxiliaire parentale seule à la maison. Or si les professionnels font un travail formidable, il peut arriver, même en crèche, d'avoir confiance en certains et pas en d'autres.

*« La première année, je laissais mon fils sereinement à sa référente (responsable principale de l'enfant) et au reste de l'équipe, raconte Olivier. À leur façon d'accueillir chaque enfant le matin et au travers des transmissions du soir (compte rendu de la*

*journée), je les sentais investies auprès des enfants. La seconde année, l'équipe a été modifiée. Le soir, je retrouvais mon fils pas toujours changé, irritable, les joues rouges. Je n'aimais pas la façon dont une éducatrice s'adressait aux enfants, ni à moi d'ailleurs. Même structure, ambiance différente...»*

Les problèmes de change reviennent souvent dans les doléances des parents. Ils semblent être le signal d'alerte visible que quelque chose cloche dans l'organisation de la collectivité. De l'avis de nombreux professionnels, les pleurs des enfants sont également le signe qu'ils ne sont pas sécurisés comme il le faudrait par leur environnement.

Enfin, *le taux d'encadrement légal est parfois difficile à maintenir par les directeurs de crèche, entre les formations des uns et les congés maladie des autres*. En théorie, il est d'un professionnel pour cinq enfants qui ne marchent pas et d'un pour huit enfants qui marchent. Cependant, au dire des gestionnaires, l'absentéisme pèse sur la capacité d'accueil.

Les agents techniques de la petite enfance et les auxiliaires de puériculture seraient les professions les plus touchées par l'absentéisme à Paris et en région parisienne, juste avant les éboueurs[1].

D'une manière générale, les collectivités estiment qu'il manque 5 à 10 % de personnel qualifié[2] en accueil collectif.

---

1. Selon un rapport de la chambre régionale des comptes d'Île-de-France de février 2013.

2. Le personnel titulaire de certains diplômes, dit « personnel qualifié », doit représenter au moins 40 % (contre 50 % en 2007) de l'effectif chargé de l'encadrement des enfants ; il est constitué de puéricultrices diplômées d'État, d'éducateurs de jeunes enfants (EJE) diplômés d'État, d'auxiliaires de puériculture diplômés, d'infirmiers diplômés d'État ou de psychomotriciens diplômés d'État ; 60 % au plus de cet effectif est composé d'agents ayant une « qualification définie par arrêté du ministre chargé de la Famille, qui doivent justifier d'une expérience ou bénéficier d'un accompagnement définis par le même arrêté » ; il s'agit principalement de titulaires du CAP « petite enfance » ou du BEP « carrières sanitaires et sociales ».

9 % des établissements d'accueil déclarent un poste vacant. Par ailleurs, les trois quarts des établissements accueillant des enfants handicapés déclarent ne pas avoir de personnel spécialement formé. Un tiers des structures compte au moins un salarié en congé de longue durée[1].

Dans certaines villes, comme à Paris, le recrutement est compliqué par le fait que 100 % du personnel est qualifié (contre 40 % d'après la loi[2]).

*Au niveau national, le manque de personnel qualifié est un des principaux obstacles à l'ouverture et au bon fonctionnement des lieux d'accueil.* Cette impression de pénurie est la mieux partagée parmi les directeurs de crèche. « La gestion du personnel, c'est notre calvaire ! » disent-ils en chœur.

> *« Que faire d'une personne qui a travaillé trente ans au même endroit et qui a des problèmes de dos ? s'interroge une directrice de crèche parisienne. Ce sont des métiers difficiles, il faut porter les enfants toute la journée pour les changer, les coucher, il faut également supporter le bruit, le stress... La reconversion doit être repensée. En fin de carrière, ces professionnelles pourraient travailler dans les écoles, le périscolaire. Par ailleurs, à Paris, le personnel habite de plus en plus loin car elles n'arrivent plus à se loger dans la petite couronne. Avant elles venaient de Montreuil, Bagnolet, Les Lilas. Maintenant elles habitent à Senlis, Meaux, Chelles, Coulommiers... ».*

---

1. Rapport de la Cour des comptes, « L'accueil des enfants de moins de trois ans », cité plus haut.

2. À l'heure où nous écrivons, le décret de remplacement du décret Morano n'est pas sorti mais il semble qu'il s'achemine vers du 50-50 : 50 % de personnel qualifié, 50 % de personnel non qualifié.

## Les crèches sont-elles contrôlées?

Le rapport de la Cour des comptes de novembre 2013 a montré que les départements n'assumaient que très partiellement leur rôle de contrôle des crèches. Les communes s'impliqueraient également assez peu dans la surveillance des structures d'accueil[1].

La difficulté d'obtenir une place en crèche ne doit pas faire oublier aux parents qu'il leur revient d'être attentifs à la qualité de l'accueil et au bien-être de leur enfant comme dans n'importe quel autre mode de garde.

> *« Dans les crèches il existe parfois une violence du fait du groupe, raconte Nathalie, éducatrice jeune enfant. On laisse par exemple un enfant qui a été violent pleurer dans son lit, car on n'a pas le temps ni les ressources pour comprendre son comportement. Quand ça se passe mal avec une directrice, les professionnels ne le disent pas toujours, par peur d'être grillés sur le département. »*

La directrice ou le directeur de crèche semble avoir un rôle déterminant dans la qualité des pratiques.

> *« Je suis à l'affût de ce qui se publie, m'explique une directrice de crèche parisienne[2]. Ce n'est pas notre administration qui nous y invite, c'est dommage. Ce domaine est pourtant en constante évolution : on ne peut pas accueillir les enfants en 2014 comme en 1990. La société a évolué, les modes de vie des parents aussi. »*

Cette directrice a mis notamment en place tout un travail vidéo pour comprendre les interactions des enfants entre eux et du personnel avec les enfants : « Nous visionnons les films en équipe afin de prendre du recul sur nos pratiques.

1. « L'accueil des enfants de moins de trois ans », cité plus haut.
2. Formatrice à l'Institut européen pour le développement des potentiels de tous les enfants (IEDPE) : www.iedpe.fr/.

C'est intéressant car nous avons souvent des impressions et des interprétations différentes des événements. »

Des conseils de parents devraient être instaurés dans chaque crèche, mais toutes les communes ne s'en donnent pas les moyens et les parents ne sont pas toujours très demandeurs non plus.

> *« J'organise un café de parents tous les mois, avec des transmissions à base de photos, me raconte la même directrice. Peu de parents s'intéressent réellement à ce qui se passe dans la crèche. Or nous menons un travail pédagogique et de réflexion important et nous sommes un peu frustrés que cela ne soit pas pris en compte ! »*

Amélioration de l'accueil, ouverture aux enfants handicapés, horaires élargis... les crèches vont-elles évoluer ? Et dans quel sens pour les enfants ? « Je suis certain que dans quelques années vous trouverez un classement des meilleures crèches dans les magazines, comme il existe un classement des meilleures écoles ou des meilleurs hôpitaux », semble espérer Jean-Emmanuel Rodocanachi de l'entreprise de crèche Les Petits Chaperons rouges, qui gère aussi des crèches publiques. Très bien, mais selon quels critères ?

Quand vous parlez « qualité d'accueil » à des responsables politiques ou à des gestionnaires de crèches, la première réponse qui vient à l'esprit de vos interlocuteurs est très diverse : « Nos établissements sont bio ! », « Nous avons beaucoup travaillé l'architecture de nos crèches », « Nous essayons de respecter le rythme de chaque enfant », « Le prix est proportionnel aux revenus des parents ».

### → À lire

*Le Livre noir de l'accueil de la petite enfance* sous la direction de Patrick Ben Soussan, Érès, 2010.

## CHECK-LIST PLACE EN CRÈCHE

**Vous voulez un plein-temps ou un mi-temps**

- Renseignez-vous auprès de votre mairie. Vous devez généralement remplir un dossier de pré-inscription – parfois dès le troisième mois de grossesse.
- Inscrivez-vous sur les listes électorales locales. Certains services de la petite enfance le vérifient en recevant une demande d'inscription (pas tous, bien sûr).
- Si vous vous mariez enceinte, profitez-en pour faire passer un petit mot au maire. Ça peut marcher. Ou pas.
- Consultez la liste des priorités d'admission. En ligne (rubrique Petite enfance) ou auprès des services de la mairie.
- Vous augmentez vos chances d'obtenir une place en crèche si vous la demandez pour septembre.
- Mettez à jour votre demande au minimum tous les six mois.
- Confirmez votre demande à la naissance de l'enfant.

**Vous voulez de l'accueil occasionnel ou compléter un autre mode de garde**

- Pour un mi-temps, votre demande passe en général en commission. Pour un accueil occasionnel ou temporaire, c'est le gestionnaire de la crèche qui décide. → p. 110.
- Si vous ne travaillez pas, votre demande d'accueil occasionnel est quand même recevable.
- Si votre assistante maternelle ne travaille pas le mercredi, déposez une demande écrite pour ce jour-là dans les crèches de votre quartier.
- Si votre planning de travail est variable, renseignez-vous auprès de la mairie ou des directeurs de crèche pour un accueil à temporalité variable.

## … QU'EST-CE QU'UN ACCUEIL DE QUALITÉ ?

*Sylviane Giampino, psychanalyste, est fondatrice de l'Anapsy (Association nationale des psychologues pour la petite enfance*[1]*). Elle intervient depuis plus de vingt-cinq ans en crèche, et auprès des assistantes maternelles et des services chargés de l'enfance sur l'ensemble de la France. Dans ses ouvrages*[2]*, elle combat les idées reçues concernant le travail des mères et défend le développement de modes d'accueil de qualité.*

### Quel est selon vous le meilleur mode de garde pour un enfant de moins de trois ans ?

C'est celui qui correspond le mieux à la sensibilité des parents et à leur mode de vie. L'offre de garde doit être multiforme pour s'adapter aux contextes locaux, types d'emplois et configurations familiales, mais aussi aux différentes attentes subjectives et aux besoins des parents. Aucune recherche sérieuse n'a démontré à ce jour qu'un mode de garde serait meilleur qu'un autre pour les enfants. De même si l'on se réfère aux études menées depuis trente ans sur le sujet, aucun type de garde n'a, en soi, d'effets négatifs sur le développement des enfants, plus ou moins qu'un autre : qu'ils soient gardés par leur mère, en collectivité ou chez une assistante maternelle, ce qui est déterminant n'est ni le lieu ni la personne, mais la qualité de la relation entre une personne, un service et l'enfant. L'enfant doit pouvoir se construire en compagnie de personnes contentes d'être là, dans un environnement attrayant, ludique, affectueux.

1. anapsy.free.fr.

2. Notamment *Les mères qui travaillent sont-elles coupables ?*, Albin Michel, 2000, et en collaboration *Livre noir de l'accueil de la petite enfance*, *Y a-t-il encore une petite enfance ?*, *Le bébé à corps et à cœur*, aux éditions Érès.

Des adultes qui se parlent et lui parlent à lui de ce qui se passe dans sa vie, de ses sentiments. Soucieux de respecter son développement, sa santé, et les particularités de sa vie psychique, sachant que les tout-petits ne réagissent pas comme des grands.

**Vous avez développé cinq critères qui favorisent un accueil de qualité, qu'il soit collectif ou individuel. Quels sont-ils ?**

Pour rester dans mon domaine, l'équilibre psychologique d'un jeune enfant est un tout : le corps, le langage, l'intelligence, tout est lié. Il est possible d'établir des repères, qui définissent les contours d'un accueil « prévenant » pour les enfants et les familles :

**Il est personnalisant.** Les professionnels en charge des enfants doivent avoir du temps et la formation nécessaire pour préserver les rythmes et les goûts de chaque enfant et pour encourager son évolution propre. Plus les accueillants ont de solides notions sur le développement et la relation chez l'enfant, moins ils sont normatifs et inutilement alarmistes.

**Il protège la sécurité affective des enfants.** La séparation est positive si l'enfant en comprend le sens, si elle est acceptée par les parents et si elle est préparée et progressive pour l'enfant. La période tantôt appelée d'« adaptation » tantôt de « familiarisation » répond à ce besoin. Elle est indispensable, que ce soit en collectivité, chez une assistante maternelle ou avec une salariée à domicile. Mais cela ne suffit pas. Il faut aussi éviter le turn-over des personnes qui prennent soin de l'enfant. La valse des nounous est un problème encore masqué, les changements d'assistante maternelle aussi. Et de moins en moins de crèches ont le sérieux de s'organiser pour qu'une personne de référence prenne plus particulièrement en charge certains enfants et les accompagne pendant au moins deux ans. La stabilité des professionnels, leur implication, leur capacité à s'engager à long terme dans une relation privilégiée avec l'enfant sont essentielles. Pour cela il faut soutenir leur motivation, les former, encadrer leurs pratiques, et les rémunérer de façon adéquate.

**Il encourage la vitalité découvreuse des enfants.** Il est rassurant pour eux d'exercer, à chaque âge, leurs capacités nouvelles. Les enfants sont des petits chercheurs qui expérimentent le monde physique, et qui ont besoin de bouger, grimper, bricoler. Ils désordonnent le monde pour sentir comment il s'ordonne. Si ces élans sont mal interprétés par des personnes trop inquiètes ou trop rigides, l'enfant s'angoisse. Actuellement, le mot d'ordre social adressé aux enfants est d'être précocement performants et normés. Faute de quoi on les déclare hyperactifs ou intolérants à la frustration. Les espaces privés des modes d'accueil individuels doivent être pensés pour que la vitalité découvreuse des enfants soit vivable. En crèche où les espaces sont bien conçus, ils sont parfois jonchés d'inutiles interdits. Parents et professionnels feraient bien de lâcher un peu sur la moderne obsession de la sécurité pour retrouver avec leurs petits le plaisir d'une liberté accompagnée (qui leur apprend à se protéger eux-mêmes, au prix d'une touche de pommade à bobos de temps en temps).

**Il respecte la dignité de l'enfant.** Un accueil de qualité suppose des pratiques inventives et une connaissance des enfants qui excluent les châtiments douloureux ou humiliants. Il est question de réguler leurs comportements sans les exclure ni les atteindre physiquement, sans hurler ou se moquer de leurs erreurs ni de leurs faiblesses, sans les stigmatiser en racontant chaque jour leurs travers à la cantonade. Les anathèmes « Ferouz est jalouse des autres » ou « Cécile est méchante avec les bébés » ne font qu'inciter un enfant à reproduire le comportement qu'on lui reproche, car il croit qu'on lui désigne une particularité, une identité. La dignité des tout-petits passe aussi par leur corps et les mots qui le touchent. Les personnes qui s'en occupent doivent respecter sa pudeur devant les autres, s'interdire en sa présence des remarques sur son intimité, ses défauts, sa famille...

**Il définit de façon claire les rôles des adultes.** Pour que les parents soutiennent le lien qui s'établit en dehors d'eux, ils ne doivent pas se sentir menacés de rapt affectif ou de prise de pouvoir sur l'éducation de leurs enfants. C'est pourquoi, pour le professionnel, les gratifications ne doivent pas se situer sur un registre affectif. Pas besoin d'aimer ou de se faire aimer des enfants pour faire un bon travail. Il est important que les parents puissent dire ce qui les dérange, que leurs desiderata concernant leur enfant soient respectés chaque fois que c'est possible, avec du dialogue quand ça ne l'est pas, pour éviter les prises de pouvoir (parent qui terrorise la crèche ou la nounou ou à l'inverse nounou ou crèche qui terrorisent le parent). Pour camper la différence des fonctions symboliques dans le triangle parents-enfant-professionnels, il faut d'abord se souvenir que l'enfant ne se trompe jamais sur les liens de filiation, et ceux qui sont d'un autre registre. Il a besoin de l'autorisation de ses parents pour investir des personnes relais. Or les parents craignent la prise de pouvoir des professionnels qui se présentent comme sachant tout, ou la confusion d'autres qui leur affirment : « C'est comme mon enfant. » On peut se demander si le face-à-face employeur-employé, sans l'intervention d'un tiers, avec l'assistante maternelle ou la nounou, et le rapport parent-client du service payé, qui ne s'implique pas dans la vie de la crèche, sont ce qu'on peut faire de mieux... Faire garder son enfant est un acte chargé de projections. On idéalise parce qu'on veut continuer à penser ces métiers comme une extension d'une fonction dite « naturelle » de maternage, ou comme une présence parafamiliale. Manier toutes les questions d'argent contrarie l'idée que confier son enfant n'a pas de prix tant ça a de la valeur. Des femmes, peu qualifiées, qui s'occupent d'enfants dans des maisons... Pas très nouveau !

**Vous connaissez bien les modes d'accueil collectif. Que pensez-vous de leur évolution ces dix dernières années ?**

Ça fait trente ans que le nombre d'enfants accueillis en crèche ne décolle pas... 13 %, c'est trop peu. De plus, je ne suis pas certaine, malgré toutes les réglementations, et les progrès en « communication », que la qualité de fond se soit améliorée. À l'émergence de l'importance des modes d'accueil dans les préoccupations des politiques a correspondu l'apparition d'une rationalité gestionnaire dans les crèches. Auparavant les décisions étaient sans doute prises un peu à l'aveugle mais avec au premier plan la réalité de l'enfant et de ses parents. La crèche – et les assistantes maternelles – subissait d'abord la contrainte de la situation familiale, avant celle des chiffres. Aujourd'hui la priorité est donnée aux taux d'occupation, à l'organisation d'activités pseudo-pédagogiques pour faire plaisir aux adultes. La crèche risque d'y perdre son âme.

**L'accueil « à la carte » n'a-t-il pas précisément été mis en place pour permettre aux crèches de mieux s'ajuster aux besoins des familles ?**

Si, c'est un des objectifs du multiaccueil et des systèmes de paiement « à l'heure », mais nous constatons que cette souplesse n'est pas toujours au rendez-vous. Les parents signent des contrats journée/horaire – dans certains endroits, il y a une pointeuse – mais si, exceptionnellement, ils ont besoin de mettre leur enfant une heure plus tôt, une journée de plus le temps d'accoucher du suivant, ça bloque. Cela pousse également les parents à « optimiser » le temps de crèche. Ils font une moyenne du nombre d'heures qu'ils pensent avoir, ils anticipent les RTT de l'un ou de l'autre, mais les emplois du temps bougent sans arrêt. Les organisations deviennent complexes et les enfants sont la variable d'ajustement. Avec parfois une succession de modes d'accueil, quand pour économiser le mercredi on fait appel à une grand-mère une semaine, à l'autre la semaine suivante et, si elles ne sont pas disponibles, on passe le relais à une nièce. Tous ces montages ne fonctionnent en réalité que sur le papier. Il y a un effet de chosification des enfants, dans le rêve de maîtrise des taux d'occupation, des budgets, des roulements de tout-petits et de professionnels. C'est tout le vivant des aléas de la vie quotidienne (travail, transports...) qui est ficelé. Les systèmes d'horaires dits « à la carte » sont en réalité rigides car ils créent un sentiment de discontinuité, d'arrivées, de départs, de changements permanents. Les gestionnaires, et il en faut, sont payés pour contrôler le coût des changements et des risques, mais la vie avec des enfants est faite d'imprévus. Les parents doivent le faire entendre et respecter.

**Qu'en pensent les professionnels ?**

Ils oscillent entre revendications corporatistes, déprime, bricolage et désir de changement. La place de l'enfant dans la culture des métiers de la petite enfance progresse, sa valeur prioritaire est bousculée. Aujourd'hui on leur parle en termes de « places » d'accueil, de ratios de présence, et non en nombre d'enfants. Cependant, à la crèche ou chez l'assistante maternelle, une place, c'est un enfant. Deux enfants à mi-temps, ce ne sont pas deux demi-places dans la mémoire des détails nécessaires pour connaître un tout-petit, sa famille, sa situation particulière, et pour découvrir comment le rassurer, l'amuser. Les professionnels ont le sentiment que personne ne comprend leur travail, et ils ont de plus en plus de dossiers, de tableaux, de grilles à remplir. Certains risquent de passer en mode opératoire en réduisant leur préoccupation affectueuse et personnalisante envers les enfants. Personne ne réalise combien ce métier est difficile. Outre la difficulté physique et l'exposition au bruit, c'est un métier d'affect, de stress, de contact permanent avec des êtres dépendants, fragiles, dont il faut décrypter les messages de besoin, d'attente, de détresse.

**Quelles sont les sources de stress dans une crèche ?**

Je précise que le stress d'une journée avec des tout-petits n'est pas réservé aux crèches. Les assistantes maternelles et les nounous à domicile vivent les mêmes choses, et elles sont seules. Le stress vient principalement de l'urgence des besoins primaires des enfants. Quand il est face à un besoin, le jeune enfant éprouve un mal-être global. Plus il est petit, plus il est « tout mal ». S'il a faim, s'il a besoin d'être changé, s'il n'est pas couché au bon moment, il est entièrement mal, malheureux et... rageur. C'est une forme de détresse totale. Elle est éphémère si on peut la réguler. Si les professionnels sont sécurisés, expérimentés ou soutenus, ils sont disponibles pour s'attacher avec juste mesure à chaque enfant, et s'y intéresser vraiment. J'ai observé dans des crèches des auxiliaires de puériculture, qui, tout en discutant avec moi, se lèvent et s'approchent d'un lit, après avoir « senti » qu'un enfant respirait mal, pour constater une forte fièvre. Elles restent en écoute, connectées au nourrisson, comme peut l'être une mère ou un père. Ailleurs elles observent les jeux des enfants et savent le juste moment pour intervenir s'il y a un conflit. À l'inverse, si le climat de travail ou une organisation ne leur permet pas de sentir qu'elles « font du bon boulot », elles se referment sur les routines de comportement.

C'est pourquoi certains s'insensibilisent et entendent moins vite les enfants même quand ils pleurent. Aujourd'hui, on prend assez peu en compte l'état interne de ceux qui s'occupent des enfants. Or ils sont plus dépendants de l'état des adultes que de leurs techniques de travail. Si ceux-ci sont déprimés, sous tension, en conflit, malmenés par le service, l'institution, le conjoint ou le parent-patron, l'enfant en pâtira d'une façon ou d'une autre. Parler de mode d'accueil de qualité est un mot creux tant qu'on ne comprend pas que les parents, les professionnels et les enfants ont tous besoin d'écoute, de personnalisation, de valorisation, et de plaisir à se retrouver.

### Pourquoi la crèche est-elle à ce point plébiscitée par les parents ?

D'abord, je ne crois pas qu'elle le soit pour ce qu'elle a de meilleur. Les parents veulent mettre leur enfant à la crèche car il sera entouré de professionnels qui respectent des normes d'hygiène et qui sont une garantie contre la maltraitance. Beaucoup la considèrent comme l'antichambre de la maternelle. Or la crèche est surtout un espace d'exploration pour les enfants, et un lieu de prévention des difficultés médicales, psychologiques ou sociales, quand les équipes sont pluridisciplinaires. C'est aussi le mode d'accueil le plus fiable pour les familles – quand le turn-over des professionnels n'est pas trop important. L'enfant garde sa structure, son espace de vie, son système de relation, de nourrissage. C'est le seul mode d'accueil qui peut promettre une telle continuité, sur plusieurs années, une telle stabilité sur laquelle une famille peut se caler.

### Pourquoi les réformes entreprises au nom de l'intérêt de l'enfant et des familles n'ont-elles pas les effets escomptés ?

J'ai toujours pensé qu'il existait une ambivalence profonde des adultes à l'égard de la petite enfance, provenant du fait qu'ils ont oublié ce qu'ils ont vécu avant trois ans. L'ambivalence est un mécanisme psychique qui fait que tout ce que l'on fait au nom du bien de l'autre a finalement des effets négatifs pour lui. C'est curieux, plus on parle dans ce pays de petite enfance plus on prend des décisions contradictoires. Aujourd'hui les deux institutions phares de prévention et de soin dans ce domaine, la crèche et la PMI, sont abîmées. Elles ont été passées à la moulinette des récessions financières, des statistiques, des modélisations administratives. On a oublié leur mission première de prévention, d'accueil et de solidarité. Or il faut traiter ces services-là comme on traite un bébé, sinon on finit par se tromper de plus en plus. Quels que soient les modes d'accueil, on constate que plus on cherche à les améliorer, plus on les détériore. Aujourd'hui le secteur étouffe sous les réglementations. Par exemple, l'obsession de l'hygiène revient en force. C'est extraordinaire de voir que plus les enfants sont protégés de ceci et de cela, et plus ils sont malades. La consigne fait qu'un responsable de crèche accepte rarement un enfant qui a 38 de fièvre. Or on n'a jamais autant médicalisé les petits...

### Les professionnels sont-ils les seuls à lutter pour la qualité des modes d'accueil ?

Oui, c'est pourquoi ce combat est perçu comme corporatiste. Les associations de parents sont peu nombreuses à s'intéresser aux modes d'accueil. Les seuls qui militent sur la qualité des crèches ce sont les membres de l'Aceps[1]. Mais ce sont des parents qui ont choisi d'être actifs y compris dans la gestion de la crèche. À ce peu de mobilisation des parents, je vois au moins deux raisons. D'abord, ils ont besoin d'avoir confiance et pour se rassurer ils ne veulent pas trop approcher les problèmes. Se poser des questions, c'est ouvrir la boîte de Pandore de l'inquiétude : « Et si mon enfant n'était pas bien ? » Ensuite, beaucoup sont tellement contents d'avoir une place en crèche qu'ils n'osent rien dire. Ils se sentent otages, et craignent que, s'ils se montrent exigeants, on soit moins bienveillant avec leur enfant. Et, surtout, ils ne voient que la partie visible de l'ensemble qui fait problème. Ajoutons que le premier réflexe aujourd'hui est individualiste, et les parents se rassemblent rarement en collectif pour proposer des avancées. Chacun cherche une solution pour lui-même. C'est un grand dommage, car les parents ont un pouvoir d'influence sur les politiques publiques que les professionnels n'ont pas. Ils pourraient par exemple construire des systèmes de repères sur la qualité des modes d'accueil de leur point de vue. Ces critères sont la plupart du temps laissés à l'appréciation des professionnels, et surtout publiés par des administratifs et des commissions qui font des plans... sur la comète.

1. Association des crèches parentales, voir le chapitre 3.

## Que pensez-vous du plan métier de la petite enfance annoncé par le gouvernement ?

Nous verrons quelle sera sa teneur[1] mais c'est en effet très important de repenser ces métiers et les évolutions de carrière. C'est surtout essentiel de les valoriser, pas seulement en termes de salaire. La tendance, depuis dix ans, est plutôt de revoir les qualifications à la baisse en raison du manque de professionnels. Cette pénurie était annoncée depuis vingt ans. La France a négligé ses investissements dans la formation des métiers de la petite enfance… Elle se réveille aujourd'hui, je ne sais pas si les bonnes décisions vont être prises ou pas. Nous avons arrêté d'être fiers de notre approche de la petite enfance, c'est dommage. Il est bon de se rappeler que, pendant les années 1980, la France était pionnière des innovations. À l'époque Brazelton et Dolto, alors que nous étions dans l'émerveillement autour de l'enfant, nous constations un afflux de personnel. Ici et là, sur le terrain, il existe des pépites, notre pays est au quotidien un laboratoire de recherche qui s'ignore et il reste tant de choses à découvrir ! Les meilleurs professionnels de la petite enfance ne sont pas ceux qui vous disent : « J'aime les enfants », mais : « Qu'est-ce que c'est intéressant de s'occuper des enfants ! »

## La France va-t-elle vers une privatisation des modes d'accueil ?

Oui. Si ce n'était pas le cas, elle les aurait sortis du champ de la directive européenne Bolkestein sur les règles de la libre concurrence commerciale, comme l'ont fait certains pays européens. Nous avons choisi, pour augmenter le nombre de places d'accueil, de faciliter la vie du secteur lucratif et de l'inciter financièrement. Par ailleurs, comme les vocations

1. Non connue dans le détail à l'heure ou nous écrivons.

manquent, on serait tenté de revoir à la baisse les taux de personnels diplômés. Les maisons d'assistantes maternelles sont de fausses crèches. Le collectif Pas de bébé à la consigne n'a cessé d'alerter sur les conséquences délétères d'une telle politique. Ce n'est pas l'avènement des modes de garde privés qui est un problème. C'est le désengagement des pouvoirs publics sur la garantie d'une qualité et d'une égalité pour tous les parents. Le secteur public court après l'argent pour l'économiser. Le secteur privé court après l'argent pour faire des bénéfices. Cette focalisation sur les aspects financiers est difficilement compatible avec le soin à l'enfant. Avec les petits, il faut beaucoup d'adultes, joyeux de ce qu'ils font, bien formés et auxquels on laisse le temps nécessaire pour réfléchir à leur pratique. Actuellement, les ministères travaillent sur un changement dans les réglementations. Soyons optimistes. Je pense que ce serait un engagement fort vis-à-vis des enfants de favoriser leur socialisation dans de bonnes conditions, pour tous les milieux sociaux. Souvent, on me dit qu'une crèche ça coûte cher ! Cette phrase « Ça coûte cher » est un bout de vérité qui ne livre pas son sens : un malade, ça coûte cher ; un vieillard, ça coûte cher... la fragilité humaine, ça coûte cher ! La question, c'est combien sommes-nous prêts à payer pour que les enfants soient gardés dans de bonnes conditions avec un réel choix pour les familles ? Je regrette un manque de courage politique en la matière.

**De nombreux établissements privés, d'entreprise ou associatifs, vont vers un élargissement des horaires d'accueil, qu'en pensez-vous ?**

Sur le principe, j'y suis favorable. Je pense qu'il vaut mieux qu'un enfant reste dans sa crèche, plutôt qu'on fasse semblant d'ignorer ce qu'il advient de lui après 18 h 30 ou 19 heures. À condition que ces nouveaux modes de garde innovants ne deviennent pas la variable d'ajustement des pressions et des contradictions de la société. Il faut encourager les entreprises à investir à la fois dans les modes d'accueil et dans la prise en compte des impératifs parentaux en modifiant leurs organisations. Encore une fois, l'important, c'est la qualité de ce qu'on offre à vivre au quotidien aux enfants, la confiance entre les parents et le mode d'accueil. Les fondateurs de la crèche Les P'tits Avions à Roissy[1] ou de la crèche Baby Loup à Chanteloup-les-Vignes[2] sont des personnes qui ont essayé d'avancer autrement. Un problème s'est présenté, il fallait trouver des solutions. C'est ce qu'ils ont fait sans décider par avance ce qui serait le « bien » pour l'enfant. La directrice de la crèche Baby Loup peut garder les enfants trois jours s'il le faut. Elle peut également, si un parent est hospitalisé, accueillir les grands frères et sœurs. Elle s'est dotée d'outils pour le faire avec sérieux. Il faut faire confiance aux gens qui sont en première ligne avec les enfants, leur laisser des espaces de liberté pour s'ajuster à la réalité locale et leur permettre de renoncer ponctuellement à certains principes. La qualité d'un mode d'accueil tient aussi à sa souplesse et à son adaptabilité aux besoins des parents et des enfants. Toute rigidité peut mener en la matière à des situations absurdes. Avec les enfants, on ne sait jamais d'avance comment, mais on sait qu'avec eux, il faut qu'on avance.

1. Voir le chapitre 6.
2. À l'heure où nous écrivons, cette crèche est en cours de déménagement à Conflans-Sainte-Honorine.

### QUELQUES BONNES QUESTIONS À SE POSER POUR ÉVALUER UNE CRÈCHE...

- La crèche a-t-elle reçu un agrément (du président du conseil général) ?
- Comment êtes-vous reçu lors de l'inscription ?
- Quelle est la qualité de l'accueil des enfants ?
- Comment ressentez-vous l'ambiance quand vous déposez votre enfant ou lorsque vous venez le chercher ?
- Le matériel (jeux, transats...) est-il suffisant ? Les locaux sont-ils souriants ?
- Qui sont les personnes qui gravitent autour de la crèche ? Psychologue, psychomotriciens... La présence d'intervenants extérieurs est le signe que la crèche est ouverte sur l'extérieur.
- Comment est recruté le personnel non qualifié[1] ? Ont-ils un peu d'expérience ou pas du tout ?
- Quelle est la pédagogie ? Le projet éducatif ? Quelles sont les priorités ? La plupart du temps les parents ne demandent pas ce type d'informations. Ils font confiance à l'équipe. Pourtant c'est important. Les crèches ont l'obligation d'écrire un projet d'établissement et de le tenir à la disposition des parents.
- Votre enfant est-il changé quand vous venez le chercher ? Ou a-t-il régulièrement des problèmes de « fuites » ?
- Les professionnels ont-ils des temps de formation et de réflexion sur leurs pratiques ?
- Les intervenants sont-ils le plus souvent assis avec les enfants dans les bras, dans une fonction de contenants ? Si un adulte ne se lève pas à votre arrivée c'est plutôt bon signe : il est centré sur les enfants et attentif à ce qu'ils font.

1. Dans une crèche, il est possible d'employer jusqu'à 50 % de personnel non qualifié.

2

# Les crèches associatives

Le secteur associatif gère environ 25 % de l'accueil collectif. Il rassemble de très grosses associations comme l'ADMR, la Croix-Rouge, la Mutualité française... et de toutes petites structures, parfois initiées par des parents qui ne trouvaient pas le mode d'accueil dont ils auraient eu besoin.

Les mairies qui organisent des commissions d'attribution intègrent parfois les associations. Mais ce n'est pas toujours le cas, même dans les grandes villes. Il vous faudra donc encore bien souvent faire une démarche d'inscription auprès du gestionnaire de l'association.

Cependant, même lorsque les crèches associatives ont leurs propres critères d'admission, elles sont soumises aux mêmes règles de financement, de gestion et de taux d'encadrement que les crèches municipales. Je vous renvoie donc au chapitre 1 pour le fonctionnement général.

## Quelles sont les spécificités des crèches associatives?

Elles sont très variables selon les projets.

> *« Les crèches associatives sont souvent porteuses d'innovation, résume Samia Darani, conseillère technique Enfance-Jeunesse-Famille à l'Uniopss*[1]*. Crèches en horaires atypiques, accueil des enfants handicapés, classes passerelles pour les deux, trois ans, crèches parentales, crèches écolos... tous ces projets ont été initiés par le secteur associatif. Les associations défendent le droit à l'éducation pour toutes les familles et s'attachent à ce que ces valeurs éducatives figurent dans leurs projets d'accueil. La forme associative permet l'initiative des familles, qui peuvent s'organiser pour monter des crèches en zone rurale par exemple. Dans beaucoup de crèches associatives il existe des conseils de crèche qui intègrent les parents ».*

Nous l'avons déjà dit : le tarif est le même pour toutes les crèches sous contrat avec la CAF. Vous payerez par conséquent le même prix que dans une crèche municipale. Votre participation est calculée selon le même barème, tenant compte de vos ressources ou du nombre d'enfants à charge.

*Il existe cependant des microcrèches associatives qui choisissent de ne pas être conventionnées par la CAF et d'appliquer une tarification libre.* → p. 89.

### → Un site pour les innovateurs

Sur www.accueil-petite-enfance.fr, vous trouverez une liste de projets d'accueil associatif innovants.

---

1. Union nationale interfédérale des œuvres et organismes privés non lucratifs sanitaires et sociaux, www.uniopss.asso.fr.

## Un Projet original

Muriel est bloggeuse[1], parisienne, mère célibataire d'un enfant de trois ans. C'est également une ancienne infirmière puéricultrice, qui a dirigé pendant une dizaine d'années une crèche associative. Son idée ? Mixer un espace de *coworking* (dans lequel des travailleurs louent pour quelques centaines d'euros un poste de travail, un concept qui se développe beaucoup dans les grandes villes) et une crèche. Son nom ? CoworkCrèche. « Je connais des parents qui travaillent dans les cafés pendant que l'autre s'occupe des enfants. J'en croise même qui sont descendus avec leur ordinateur et leur bébé en écharpe. » Elle a trouvé les locaux, qu'elle souhaite partager avec un autre projet, Le café des mômes, qui proposerait des activités culturelles et artistiques à des enfants gardés à la maison, pour leur donner un accès à la collectivité. « J'envisage la forme associative, car c'est ma culture. Une crèche de trente à quarante berceaux, la moitié pour les parents du quartier (via la mairie) et l'autre moitié pour les *coworkers*. Avec au moins cinq places réservées pour des femmes qui reviennent à l'emploi après leur congé maternité. Nous avons le soutien de la mairie, il faut maintenant convaincre les banques. » La philosophie du projet est aussi de créer du lien et de la solidarité entre les jeunes parents parisiens dont la vie sociale est plutôt réduite. Un principe qu'elle applique dans son quotidien : avec ses voisines, elles se relaient la semaine pour emmener les enfants à l'école[2]. Ensemble, c'est mieux !

1. www.maispourquoijedeviensmerebordel.fr.

2. Vous pouvez suivre l'avancée du projet sur twitter : @coworkCreche et www.facebook.com/CoworkCreche. Voir aussi @CafeDesMomes.

# 3

# Les crèches parentales

Les crèches cogérées par des parents et des professionnels représenteraient 1 % de l'accueil collectif en France. Cependant, dans une grande ville comme Paris, on en trouve une dans presque chaque arrondissement.

*La plupart de ces structures accueillent les enfants à partir de dix mois.*

## Participer à l'accueil de son enfant avec des professionnels

Les premières crèches parentales ont vu le jour sous l'impulsion de l'idéal communautaire de la fin des années 1970. Le principe ? Des professionnels et des parents se partagent la gestion de la crèche et l'accueil des enfants. Si vous choisissez ce mode de garde, sachez qu'il vous faudra voler plusieurs heures à votre agenda professionnel. Dis comme ça, à des parents suractifs, cela semble terrible. Et, de fait, ce mode de garde est peu adapté à des horaires de bureau stricts.

> *« Nous avons beaucoup de temps partiel ou de métier à horaires atypiques : des profs, des infirmiers, des congés parentaux, explique*

*la présidente d'une crèche parentale en Haute-Savoie. Les parents forment un tandem avec les professionnels. Nous employons trois éducateurs de jeunes enfants, une auxiliaire de puériculture, une cuisinière. Nous sommes vingt-trois familles et nous accueillons dix-huit enfants au maximum, qui viennent entre quatre et deux jours par semaine. Chaque parent doit assurer une demi-journée par semaine, matin ou après-midi, entre 7 h 30 à 18 h 45. Si les pères et les mères se relaient dans chaque famille, cela ne fait que deux demi-journées d'intervention chacun dans le mois. »*

Les parents assurent également un tour de ménage et un tour de linge par trimestre. Ceux qui veulent s'investir plus participent à des commissions : alimentation, fête de Noël, fête de fin d'année...

*« Tous les deux mois nous organisons une assemblée générale, avec des invités psychiatres, psychomotriciens, orthophonistes... autour de thèmes que nous souhaitons travailler : les fratries, la violence, la communication, le regard de l'autre... Les trois premiers mois, les nouveaux parents sont toujours parrainés par un ancien lorsqu'ils s'occupent des enfants. »*

Lorsque les parents sont de permanence, ils peuvent venir avec leurs autres enfants, jusqu'à six ans : « Pour les familles qui viennent d'emménager en ville, c'est un excellent moyen de créer des amitiés durables », constate-t-elle.

La crèche parentale est surtout adaptée aux parents qui souhaitent participer à l'accueil de leur enfant.

*« Plus que dans une crèche classique ou chez l'assistante maternelle, en crèche parentale, je vois évoluer ma fille, j'ai mon mot à dire sur la vie de collectivité, explique Solune, mère de Théa, vingt mois. Certains parents souffrent d'ailleurs quand les enfants entrent à l'école de ne plus avoir accès à leur univers ! »*

Elle et son compagnon étant comédiens, elle apprécie que les tours de garde soient flexibles. « Pas de jours fixes, chacun peut s'organiser en fonction de son planning. Nous avons pu partir jouer en province quinze jours puis rattraper les demi-journées de garde les semaines suivantes. »

Elle décrit une ambiance joyeuse entre les treize familles : « Nous nous rendons service mutuellement. C'est une utopie formidable : comment réfléchir ensemble pour que ça se passe le mieux possible ? » Cependant, étant enceinte, elle se demande si elle aura le temps de prolonger un tel investissement avec deux enfants...

## Comment s'inscrire dans une crèche parentale ?

Il faut prendre contact directement avec la structure.

> *« Dans notre crèche, vous êtes reçu par un parent qui vous présente le projet et vous fait visiter les lieux, explique Sabine, parisienne, mère d'un petit garçon de dix-huit mois. Si ça vous plaît, vous passez un entretien avec le parent recruteur, l'équipe pédagogique et trois autres parents, qui évaluent votre capacité à vous engager. Nous devons assurer une permanence une demi-journée par semaine, entre 8 h 30 et 18 h 30 et être présents lors des assemblées générales, un soir toutes les six semaines. Chaque couple doit aussi choisir une fonction : président, trésorier, ressources humaines, recrutement, bricolage, hygiène, sécurité, animation, décorations... »*

### → Où se renseigner sur les crèches parentales ?

Auprès de l'association des collectifs parents, enfants, professionnels. Rens : www.acepp.asso.fr.

## Babillage

Rémy Yverneau et Patricia Raffin-Peyloz ont participé à la création d'une des premières crèches parentales à Paris, dans les années 1980. « Nous avions rencontré quelques nourrices mais les conditions d'accueil ne nous convenaient pas, raconte Rémy. Avec d'autres parents, nous avons trouvé un local, fait les travaux nous-mêmes et obtenu les autorisations nécessaires. Au départ, les administrations et les politiques étaient peu intéressés par notre projet qui accueillait trop peu d'enfants (une dizaine à l'époque). » « Et quand vous êtes trop en avance, cela peut être pénalisant, ajoute Patricia. Il n'existe pas de "case" prévue pour votre projet dans les grilles de subventions. » Quelles étaient les relations avec les autres parents ? « Comme dans toute association, vous avez les membres actifs et les consommateurs, résume Patricia. Échanger, discuter, ne pas être d'accord, c'est très intéressant même si cela s'accompagne parfois de dialogues sans fin ! » « Certains ne venaient pas, d'autres arrivaient en retard ou ne payaient pas », se souvient Rémy. La communauté, avec ses bons et ses mauvais côtés... Il garde cependant un très bon souvenir de cette expérience qui lui a permis de trouver sa place auprès de ses enfants. « Côtoyer d'autres enfants dilue les angoisses que vous pouvez avoir sur le vôtre : vous comprenez que chacun avance à son rythme. »

La crèche, Babillage, existe toujours et, début 2014, leurs deux enfants, Garance et Bastien, ont ouvert ensemble un lieu d'accueil pour les parents parisiens, près de Beaubourg : Happy Families. La relève est assurée ! → p. 226.

# 4

# La crèche interentreprise

La crèche d'entreprise, aujourd'hui tout le monde en connaît le concept : que ce soit chez Areva ou au ministère des Finances, elle est construite sur le lieu de travail des salariés. Cependant étant donné le coût de ce type de structure pour les sociétés qui les financent, elles peinent à se généraliser. C'est pourquoi, depuis quelques années une autre solution émerge : la réservation de berceaux par les entreprises dans des crèches privées situées à proximité du domicile de leurs salariés.

*Vous avez une crèche privée près de chez vous ? Elle a des berceaux libres ? Et si vous demandiez à votre employeur de vous financer la place ? Pas toujours aussi simple ! Mais si vous êtes salarié, la solution mérite d'être examinée. Si vous ne l'êtes pas aussi.*

## La location de berceau dans les crèches privées

C'est une nouvelle tendance.

*« Au début des années 2000 la mode était aux crèches construites dans les locaux ou à proximité d'une entreprise et réservées à ses salariés, explique Catherine Boisseau Marsault, directrice des études à l'Observatoire de la parentalité en entreprise. L'idée était formidable. Cependant, sur le long terme, elle pose un certain nombre de problèmes en termes de coût pour l'entreprise, de revirement démographique (que faire des berceaux vides quand les naissances sont moins nombreuses ?) et de responsabilité du dirigeant. C'est pourquoi, à partir du milieu des années 2000, la mode a évolué vers les crèches inter-entreprises : des sociétés se fédéraient au niveau d'un territoire ou d'un bassin d'emploi pour construire ensemble une crèche et en mutualiser les coûts. Ce principe a permis à de petites sociétés de bénéficier d'infrastructures financées en grande partie par les grandes. »*

Comme L'Oréal, Danone, Total, le Crédit Lyonnais, GDF-Suez... par exemple. On assiste alors au boom des entreprises de crèches qui gèrent ces structures.

Suite à la conférence sur la famille de 2003, des crédits sont votés pour encourager leur développement.

*« Depuis 2004 les entreprises de crèches peuvent être conventionnées, c'est-à-dire qu'elles peuvent recevoir, au même titre que les autres gestionnaires de crèches, comme les communes, les mutuelles, les associations, la prestation de service unique versée par la CAF », explique Caroline Kovarsky, déléguée générale de la Fédération française des entreprises de crèches (FFEC).*

À partir de 2010, une nouvelle tendance émerge : plutôt que de participer directement à la construction d'une crèche, les entreprises louent des berceaux dans des crèches situées à proximité du domicile de leurs salariés ou sur leur trajet travail-domicile. Des réseaux de crèches s'organisent.

Pour les parents, cette proximité évite l'épreuve du trajet matinal avec leur enfant jusqu'à leur lieu de travail. Certaines crèches sont même situées dans les gares... Autre avantage, les horaires plus flexibles : beaucoup de crèches interentreprises ferment vers 19-20 heures. D'autres ouvrent de 5 heures à 22 h 30 ou six jours sur sept pour s'adapter aux horaires des salariés de certaines entreprises ou administrations.

## Qui sont les entreprises de crèches ?

Babilou, Les Petits Chaperons rouges, Crèche attitude, BBbiz, La Maison bleue, Baboune, Crèche et Malices... plus d'une trentaine d'acteurs, gros et petits, se partagent le marché. Ces entreprises gèrent des crèches et vendent leurs berceaux à des communes ou/et à des entreprises. Une crèche privée peut par exemple voir la moitié de ses berceaux réservés par une mairie et l'autre moitié par des entreprises. Ces sociétés gèrent également des crèches municipales en délégation de service public. En 2011, elles représenteraient autour de 10 %[1] des places de crèches. Soit environ 15 000 places.

Ces crèches sont soumises à la même réglementation que celles qui sont administrées par les communes ou les associations. Elles doivent obtenir une autorisation de fonctionnement délivrée par le président du conseil général, après avis de la PMI, et vérification, entre autres, du respect des normes de sécurité.

Comme dans les autres crèches, l'encadrement doit être composé d'au moins 40 % de professionnels diplômés[2]

1. Dont 60 % en crèches interentreprises et 40 % en délégation de service public. Selon la CNAF, ce chiffre est de 5 %, mais elle ne tient pas compte des crèches en délégation.

2. D'après un décret en cours de rédaction ce taux pourrait passer à 50 %.

(puéricultrices, auxiliaires de puériculture, éducateurs de jeunes enfants, infirmiers, psychomotriciens...).

Le secteur privé ne désigne pas que les entreprises de crèches. Les associations, qui gèrent environ 25 % des crèches de France appartiennent également au secteur privé. Elles aussi proposent des berceaux à des entreprises, comme nous le verrons plus loin.

Une crèche municipale est financée par les familles, la CAF et la mairie. Pour les crèches interentreprises, l'employeur prend la place de la commune à côté des familles et de la CAF.

## Le coût de la crèche d'entreprise

### Combien coûte un berceau à un employeur?

Sur le papier pas tant que ça, car les crèches d'entreprise sont largement subventionnées. « Une entreprise bénéficie de 83 % de réduction fiscale sur un berceau (50 % de crédit d'impôt famille et 33 % de charges déductibles de l'impôt sur les sociétés), explique Caroline Kovarsky. Elle ne finance donc que 17 % du prix de la place, soit entre 200 et 250 € mensuels. » L'avance de trésorerie est néanmoins importante pour les entreprises : entre 15 000 et 25 000 € par an. De quoi écarter du dispositif pas mal de très petites sociétés.

### Combien coûte un berceau aux parents?

La grande majorité des crèches d'entreprise appliquent le barème de la CAF pour bénéficier des aides publiques. Pour les parents, les tarifs sont donc les mêmes qu'en crèche publique (en fonction de leurs revenus et de leur nombre d'enfants). Selon la FFEC, 14 % des enfants accueillis dans les crèches de ses membres viendraient de familles dont les ressources sont inférieures à un Smic.

L'exception concerne les microcrèches. Les deux tiers d'entre elles n'appliquent pas le barème de la CAF et fixent librement leur tarif. Elles ne touchent donc pas d'aides publiques[1] mais facturent aux parents un tarif parfois élevé. Ce sont ces derniers qui touchent directement les aides publiques, au même titre que s'ils employaient une salariée à domicile ou une assistante maternelle.

→ Chap. 5.

## Qui peut-être accueilli dans une crèche interentreprise?

### Les crèches interentreprises acceptent-elles les fonctionnaires?

**Oui,** l'État peut financer des berceaux pour ses fonctionnaires au même titre qu'une entreprise. « La fonction publique, via les ministères, est l'un des plus gros réservataires de berceaux », confirme Tanguy Desandre, dirigeant de Ma place en crèche, une société de réservation de places en crèche.

### Et les non-salariés?

**En théorie : non.** Les professions libérales, artisans, commerçants sont exclus du dispositif. Soit environ deux millions et demi de personnes. Les gérants d'entreprise non salariés le sont aussi. Plus exactement : « Ils ne peuvent accéder au dispositif pour eux-mêmes que si un de leur salarié en bénéficie déjà », précise Caroline Kovarsky. Concrètement, la gérante

1. Sauf à l'investissement.

non salariée d'une boutique ne pourra réserver un berceau pour son enfant que si elle a d'abord permis à un(e) de ses vendeurs(ses) salariées de le faire... « La Fédération française des entreprises de crèches insiste auprès des pouvoirs publics pour obtenir l'ouverture du crédit d'impôt famille aux professions libérales, précise sa déléguée générale. Nous sommes soutenus par le barreau de Paris et le plus gros syndicat de médecins libéraux. Pourtant, après un accord de principe du ministère de la Famille et de Bercy, le dossier n'avance plus... »

**En pratique** : il existe d'autres moyens pour les professions libérales (et les salariés qui ne sont pas financés par leur entreprise) d'accéder aux crèches interentreprises.

Tout d'abord, en s'adressant aux microcrèches, dans lesquelles il est souvent possible de s'inscrire « en direct », c'est-à-dire sans soutien d'un employeur.

Ensuite, en bénéficiant de l'accueil « occasionnel » proposé par les crèches privées lorsqu'elles ont des berceaux vides, sur de courtes durées, aux parents non financés par une entreprise. Pour trois mois, six mois, un an. Du dépannage donc. Le groupe Babilou annonce ainsi 3 % de l'accueil global de son réseau, soit environ 300 à 400 familles accueillies « en direct », sur de courtes périodes, dans ses crèches.

> *« Il nous arrive très souvent de le proposer sur la période janvier août, quand les enfants ont deux ans, juste avant l'entrée à l'école maternelle, explique Rodolphe Carle, un de ses fondateurs. Nous savons que nous ne vendrons plus de berceaux aux entreprises sur ce créneau-là et les enfants sont suffisamment grands pour profiter de la collectivité quelques mois. Il nous arrive parfois d'accueillir une famille de septembre à décembre, quand un berceau a été réservé par une entreprise à partir de janvier de l'année suivante. Cependant, je pense que ce type d'accueil temporaire ne devrait pas être proposé à des parents de nourrissons, pour lesquels la continuité de l'accueil est importante. »*

Quel tarif est appliqué dans ce cas-là? «Le prix d'une crèche classique, en fonction des revenus des parents», assure Rodolphe Carle.

Les sociétés Bbbook et Crèches pour tous se sont lancées dans le référencement de ces places d'accueil occasionnelles proposées par les crèches interentreprises: voir encadré page suivante.

## Comment s'y prendre pour réserver une place en crèche d'entreprise?

- Votre employeur a peut-être déjà un contrat de réservation de places en crèche. Renseignez-vous auprès de votre responsable ressources humaines.
- Vous pouvez lister les structures proches de votre domicile (via le site www.mon-enfant.fr ou le site de votre mairie) puis solliciter les gestionnaires des crèches correspondantes.
- Il existe également des intermédiaires qui proposent de mettre en relation les parents, les entreprises et les gestionnaires. Ces sites fonctionnent un peu comme des sites de réservation d'hôtel. Ils proposent des places dans des crèches qu'ils ne gèrent pas directement. Pour élargir leur réseau, ils intègrent également des associations qui acceptent de «vendre» quelques places à des entreprises pour varier leurs sources de financement (voir encadré page suivante).
- Quand faut-il entreprendre les démarches auprès de son employeur? Dès que possible, vous avez compris le principe. Ce qui signifie juste après la première échographie…

### Passer par un intermédiaire

Le concept est encore assez confidentiel, mais il pourrait se développer. Le service est gratuit pour les familles. « Lorsque des parents enregistrent une demande sur notre site, nous vérifions les places disponibles sur l'ensemble des crèches de notre réseau à proximité de leur domicile, de leur travail ou sur le trajet entre les deux, explique Tanguy Desandre de Ma place en crèche. Si le salarié a un accord de principe de son employeur pour financer la place, nous prenons rendez-vous avec elle pour l'aider à monter un dossier de financement. »

La société Bbbook publie sur son site le nombre de places disponibles dans son réseau. Le plus ? Elle permet aux parents de faire une recherche sur de l'accueil occasionnel sans financement d'une entreprise, quelques jours par semaine ou à la demi-journée. « Un parent qui habite Neuilly, qui travaille à Levallois et dont l'assistante maternelle n'accueille pas son enfant le mercredi, pourrait par exemple trouver une place dans une crèche de Levallois pour ce jour-là », résume Ariane Raugel-Waché, sa fondatrice.

Cet intermédiaire a mis en place un service d'accueil d'urgence dans certaines crèches de son réseau, vendu aux entreprises via un abonnement. En cas d'absence de leur garde habituelle, les salariés appellent Bbbook, qui contacte les dix crèches les plus proches par Sms. La première qui répond « gagne » l'accueil de bébé. « Et nous finançons des formations “accueil d'urgence” pour nos partenaires, assure Ariane Raugel-Waché. Ils sont 85 % à participer à cette opération. »

### → Quelques adresses

- Ma place en crèche www.maplaceencreche.com ;
- Bbbook, www.bbbook.fr ;
- Mille et une crèches : www.1001creches.com (le site du réseau Babilou) ;
- Crèches pour tous, www.crechepourtous.com.

## Quel est l'avenir des crèches interentreprises ?

Pour le moment, les places disponibles en crèches interentreprises ne sont que quelques milliers. « Nous arrivons à satisfaire une demande sur dix », lâche Tanguy Desandre. « Mon taux de transformation des demandes en places réellement achetées par les entreprises est entre 2 et 5 % », confirme Ariane Raugel-Waché. Le développement du concept est cependant à suivre.

> *« En 2001, quand on parlait de crèches d'entreprise, on nous prenait pour des farfelus, se souvient Catherine Boisseau Marsault de l'Observatoire de la parentalité en entreprise. En 2004, pour des gens qui voulaient être à la mode. Aujourd'hui les entreprises envisagent ce service sérieusement et le concept est l'objet d'études internes. »*

Sur l'objectif de 100 000 nouvelles places de crèche annoncé par le gouvernement pour 2017, le secteur privé affirme sa volonté d'en créer 20 000[1].

1. Selon un communiqué de la Fédération française des entreprises de crèche, www.ff-entreprises-creches.com.

> *« Ces trois dernières années, quatre crèches sur dix ont été ouvertes par le secteur marchand, explique Jean-Emmanuel Rodocanachi, fondateur de l'entreprise de crèches Les Petits Chaperons rouges. Nous ne sommes pas tenus par les délais d'appel d'offres des marchés publics, c'est pourquoi nous pouvons ouvrir une crèche en neuf à dix-huit mois, là où il faut trois ans à un gestionnaire public. »*

Les crèches privées sont cependant soumises aux mêmes limites en termes de personnel que les autres gestionnaires[1].

> *« Le gouvernement annonce 100 000 places, cela signifie le recrutement de 30 000 professionnels de la petite enfance, compte Caroline Kovarsky. Aujourd'hui, on ne peut pas les trouver. Nous avons fait une proposition pour basculer certains CAP en catégorie 1. C'est à l'étude. »*

Si toutes les entreprises ne peuvent pas financer des places en crèche, le monde du travail commence doucement à se pencher sur les problématiques de conciliation des parents salariés. Selon une étude de l'Observatoire de l'équilibre des temps et de la parentalité en entreprise[2], les trois quarts des salariés-parents (75 %) considèrent que l'entreprise ou l'organisme dans lequel ils travaillent ne fait cependant « pas beaucoup de choses » pour les aider à mieux concilier vie professionnelle et vie familiale.

> *« Les PME qui n'ont pas les moyens de mettre en place des politiques plus coûteuses d'aide à la conciliation, comme le financement de berceaux ou d'aides à la garde d'enfant, travaillent sur la flexibilité des horaires et le télétravail, souligne Jérôme Ballarin, président de l'Observatoire. C'est parfois plus facile dans les petites structures*

1. De nouveaux instituts de formation ont été ouverts, par Boris Cyrulnick, Philippe Duval et Laurence Rameau à Cholet et à Béziers. Voir la page Facebook : IPE Boris Cyrulnik.

2. www.observatoire-parentalite.com. Concepteurs du guide *La Parentalité à 360°*.

*que dans les grands groupes en raison d'une plus grande proximité entre les manageurs et leurs collaborateurs. Nous essayons de sensibiliser les employeurs sur toutes les formes de parentalité : de jeunes enfants, d'adolescents, d'enfants malades ou handicapés, la monoparentalité, l'homoparentalité... Pour faire évoluer les pratiques, il faut des changements culturels. La fameuse génération Y (née après 1980) représentera 40 % de la population active en 2015. Elle semble mieux savoir dire non que ses aînés. On peut espérer qu'elle bousculera les codes, notamment ceux du présentéisme. »*

### CRÈCHES INTERENTREPRISE : LA CHECK-LIST

**Salariés**

- Renseignez-vous auprès de votre employeur pour savoir s'il finance des places en crèche.
- Faites le tour des crèches privées de votre quartier, ou sur votre trajet travail-domicile (liste sur www.mon-enfant.fr ou sur le site de votre mairie rubrique Petite enfance), ou prenez contact avec un réseau de crèches, qui vous indiquera les places disponibles et le cas échéant prendra un rendez-vous avec votre employeur pour accompagner l'inscription.

**Non-salariés**

- Prenez contact avec les crèches interentreprise proches de votre domicile ou de votre lieu de travail pour savoir si elles proposent des berceaux « en direct » ponctuels (pendant quelques mois) ou réguliers (mercredi, vendredi, vacances...).
- Déposez une demande auprès des réseaux de crèches qui répertorient les places en occasionnel.
- Vérifiez les disponibilités des microcrèches de votre quartier (il en pousse surtout dans les grandes villes).

→ Chap. 5.

5

# Les microcrèches

Lancées à titre expérimental en 2010, les microcrèches sont des ministructures collectives qui peuvent accueillir dix enfants maximum en même temps, avec des tarifs souvent libres. Leur dimension les rend plus faciles à monter sur de petites surfaces, elles sont donc particulièrement intéressantes dans les grandes villes. La convention d'objectif 2009-2012 avait prévu d'en créer 500. En 2011, elles étaient déjà 3 200 !

Ces nouvelles formules d'accueil peuvent être gérées soit par une collectivité, soit par une association, soit par une entreprise. En pratique, elles sont ouvertes à 80 % par le secteur privé (entreprise de crèche ou association)[1].

Les locaux doivent respecter les mêmes normes de sécurité que les crèches collectives, mais les normes d'encadrement sont plus souples. Les microcrèches n'ont pas besoin de désigner un directeur, elles sont dispensées du recrutement d'un éducateur jeune enfant, de la présence régulière d'un médecin, et peuvent recruter des CAP petite enfance plutôt que du personnel dit « qualifié » comme les puéricultrices ou les auxiliaires de puériculture.

1. « L'accueil des enfants de moins de trois ans », *op. cit.*

## Comment s'inscrire dans une micro-crèche?

L'inscription peut se faire en mairie (si la crèche est municipale), ou, le plus souvent, directement auprès du gestionnaire de la microcrèche.

Attention, cependant, certaines d'entre elles acceptent en priorité les salariés financés par une entreprise (voir le chapitre sur les crèches interentreprises).

## Combien coûte une microcrèche?

Celui qui ouvre une microcrèche a le choix entre deux possibilités :

- soit il applique le barème de la CAF et touche les aides publiques pour le fonctionnement de sa crèche. Dans ce cas le tarif pour les parents est le même que pour les autres crèches collectives ;
- soit il fixe librement ses tarifs et ce sont les parents qui touchent directement l'aide de la CAF via le complément du libre choix du mode de garde « structure » (comme s'ils employaient une garde à domicile ou une assistante maternelle). Dans ce cas, les tarifs sont en général plus élevés et moins accessibles aux familles qui ne peuvent faire l'avance des frais avant de toucher les aides de la CAF et le crédit d'impôt.

*Environ 57 % des microcrèches choisiraient d'être financées via la deuxième formule : des tarifs libres et des parents touchant directement l'aide de la CAF.*

C'est ce système de tarification qui a suscité la polémique autour du « business des crèches privées ». Ainsi, d'après une enquête réalisée par la CNAF en août 2012 auprès de 16 CAF et 468 microcrèches[1], certaines auraient eu tendance à optimiser le prix de l'heure de garde en fonction du montant de l'aide à laquelle les parents avaient droit. Dans ces structures, le taux horaire aurait ainsi été majoré pour les familles bénéficiant du montant d'aide maximal, c'est-à-dire ceux dont les revenus sont les moins élevés... Selon ce rapport, « les tarifs horaires pouvaient varier de moins de 4 € à plus de 44 € selon les établissements. De plus, divers frais annexes sont facturés aux familles (frais d'entretien notamment) ». Le reste à charge moyen des familles inscrivant leur enfant dans une microcrèche aux tarifs libres pourrait ainsi être près de deux fois plus élevé que dans une crèche au barème CAF (2,60 € par heure contre 1,27 €).

> *« Les aides de la CAF sont forfaitaires et donc identiques que votre enfant soit gardé 16 heures ou 200 heures dans le mois, rappelle Caroline Kovarsky, de la Fédération française des entreprises de crèches (FFEC). C'est pourquoi certaines microcrèches ont appliqué des tarifs très élevés à des familles qui venaient peu proportionnellement. Nous avons adopté une "charte microcrèche" qui interdit à nos membres de pratiquer des tarifs supérieurs à 10 € de l'heure. »*

Pour limiter les abus, la loi de finance de la Sécurité sociale pour 2014 prévoit la fixation d'un plafond tarifaire légal au-delà duquel une famille ne pourra plus toucher les aides de la CAF (entre 8 et 12 € de l'heure). Un peu comme pour les assistantes maternelles.

*Quels sont en moyenne les tarifs mensuels dans une microcrèche ?*

1. Rapport législatif concernant le projet de loi de financement de la Sécurité sociale, 2014.

> *« Pour un plein-temps (cinq jours/semaine), ils sont compris entre 1 600 et 1 900 € par mois à Paris et entre 1 200 et 1 600 € en province, explique Ariane Raugel-Waché de BBbook, une plate-forme de réservation de places de crèche*[1]*. C'est en partie le coût des locaux qui détermine les prix. De ce montant il faut déduire l'aide versée par la CAF aux parents, qui selon les revenus est comprise en gros entre 600 et 800 €. »*

Si l'entreprise d'un salarié participe au financement du berceau, la microcrèche applique un autre calcul.

> *« Elle évalue ce qu'aurait dû payer la famille selon le barème de la crèche collective, elle ajoute l'aide de la CAF que va recevoir la famille et obtient le montant qu'elle lui demandera chaque mois, résume Ariane Raugel-Waché. Les parents salariés payeront donc le même prix qu'en crèche collective mais devront quand même faire l'avance des aides de la CAF. Ils verseront par exemple 1 100 € par mois à la structure, sur lesquels ils récupéreront 600 € de la CAF*[2]*.*

L'immense majorité de ces structures se développent dans les gros centres urbains[3].

> *« Nous constatons une explosion des microcrèches dans notre département, relève un conseiller technique à la CAF du Rhône*[4]*. La plupart dans les zones où les parents sont les plus solvables. Une place peut coûter jusqu'à 1 800 €. Elle est en moyenne deux fois plus chère qu'une place en crèche collective, pour les parents et pour la CAF. Pourtant, ça marche. Nous allons observer le*

---

1. Voir le chapitre sur les crèches interentreprises.
2. Au titre du complément du libre choix du mode de garde « structure ».
3. Selon une enquête de la CNAF de 2012.
4. Lors du séminaire « L'accueil de la petite enfance, quelle régulation à l'échelle des territoires ? », organisé par la CNAF en décembre 2013.

*même phénomène que pour les cliniques privées. Des opérateurs vont se positionner sur des créneaux très rémunérateurs et laisser le reste au service public.* »

Cependant, si ces structures se développent, c'est qu'elles répondent à une demande des parents...

Monter une microcrèche n'est cependant pas si facile.

« *Beaucoup se découragent face aux normes de sécurité à respecter et au nombre d'autorisations nécessaires pour obtenir l'agrément, explique Pierre Lada, ancien assistant maternel qui a ouvert la microcrèche Comme trois pommes à Bordeaux, après quatre ans d'efforts. Le dossier est énorme. La réglementation change d'un département à l'autre. J'ai passé deux ans à bâtir un barème tarifaire progressif avec la CAF. Je reçois des demandes d'aide ou de tutorat de toute la France, et ce toutes les semaines ! Dans ma microcrèche, j'emploie une éducatrice de jeune enfant, deux CAP petite enfance, une puéricultrice et un apprenti CAP hygiène des locaux. Et puis je suis là moi aussi. Mon truc ? La musique : je joue beaucoup de guitare aux enfants et je fais parfois venir d'autres musiciens.* »

## Une crèche «suffisamment bonne»

«Il faut se rappeler d'où nous venons, précise Marie-Laure Cardart[1], anthropologue et ancienne médecin PMI. Dans les années 1960, l'hygiénisme était tel que les parents n'étaient pas autorisés à entrer dans ces crèches ! Beaucoup de progrès ont été accomplis grâce à l'évolution des connaissances sur le développement de l'enfant. Or, actuellement, nous pouvons craindre un retour en arrière. La réforme du financement par la Caisse d'allocations familiales, instaurant la PSU[2], avait pour objectif de mieux répondre aux besoins des parents et d'encourager les établissements à accueillir des familles en horaires atypiques, en réinsertion, ou des publics fragiles, comme les enfants handicapés. Mais elle a des effets pervers: le badgeage des parents à l'entrée de la crèche, l'optimisation à tout prix, la multiplication des lieux d'accueil pour un même enfant dans la semaine... J'entends de nouveau des remarques du type "c'est normal qu'un bébé pleure". C'était considéré comme normal avant les découvertes d'après-guerre sur le développement de l'enfant et son besoin de sécurité affective. Si un petit ne s'adapte pas, il faut comprendre pourquoi. Les pleurs d'un bébé signifient quelque chose: il a besoin d'être rassuré, d'être pris dans les bras, d'être bercé. Dans une crèche "suffisamment bonne", pour reprendre l'expression du pédopsychiatre anglais Donald Winnicott à propos des mères, on se sent bien. Il est essentiel de penser d'abord à l'enfant et de développer de la souplesse dans nos modes d'accueil.»

1. Auteur de *Les parents dans les crèches, utopie ou réalité ?*, Érès, 2006 et Myriam David, *Prendre soin de l'enfance*, Érès, 2014.
2. Prestation de service unique.

6

# La garde en horaires atypiques ou occasionnelle

Horaires de nuit, horaires décalés, temps partiels, besoins occasionnels... les solutions sont plus rares, mais elles existent.

## Les horaires atypiques

Le travail en horaires atypiques concerne aujourd'hui près de deux salariés sur trois : travail de nuit, horaires décalés ou étalés, temps partiels, etc.[1]. Selon un rapport de la Commission européenne[2], le travail le dimanche et le travail de nuit auraient considérablement augmenté en France entre 2001 et 2005, passant respectivement de 9,2 à 14 % et de 4,6 à 7,1 %.

46 % des enfants de moins de sept ans et demi dont les parents exercent une activité professionnelle ont au moins un

1. Source : ministère de la Famille.

2. Commission européenne, Direction générale pour l'Emploi, les Affaires sociales et l'Égalité, *Employment in Europe 2006*. Cité in Sophie Bressé, Blanche Le Bihan et Claude Martin, « La garde des enfants en dehors des plages horaires standard », *Études et résultats*, n° 551, DREES, janvier 2007.

parent qui travaille en horaires décalés de façon habituelle. 68 % d'entre eux ont au moins un parent concerné par des horaires de travail irréguliers. Un large tiers vit dans une famille qui cumule à la fois les horaires décalés et irréguliers. **Au total 80 % des enfants de moins de sept ans dont les parents travaillent vivent dans un foyer concerné par les horaires atypiques[1].** Oui, ce chiffre a de quoi surprendre !

*Dans le reste de l'Europe, le travail le dimanche concerne un travailleur sur trois en République tchèque, au Danemark, en Lituanie, en Pologne, en Slovaquie et au Royaume-Uni. Le travail de nuit, surtout fréquent en Autriche, en République tchèque, en Pologne, en Slovaquie et au Royaume-Uni, mobilise entre 10 et 20 % des travailleurs.*

Pour ces enfants, la probabilité d'être gardés sur des horaires non standard est plus importante :

- 17 % des moins de sept ans dont les parents travaillent sont gardés par des tiers le week-end ;
- 29 % sont parfois gardés en semaine, le matin entre 6 heures et 8 heures ;
- 17 % le soir entre 19 heures et 22 heures.

Professionnels et membres de la famille se partagent alors la garde des enfants. La nuit, ils sont 7 % à être gardés en semaine, principalement par les grands-parents (70 %), d'autres membres de la famille (8 %), les frères et sœurs (8 %), des voisins ou amis (4 %). 10 % du temps de garde entre 22 heures et 6 heures est assuré par des professionnels (salariés chez eux ou au domicile des parents).

Voici comment se sont débrouillées une pilote de ligne et une hôtesse de l'air, l'une et l'autre confrontées à des horaires très atypiques.

1. « La garde des enfants en dehors des plages horaires standard », *art. cit.*

**Maroussia, mère de Noé, neuf ans. Commandant de bord. Habite à Marseille.**

*« Je suis pilote de ligne, mon mari aussi. Lorsque mon fils est né, je dirigeais des long-courriers. Les décollages se faisaient tôt le matin et je devais arriver la veille. Quand je revenais sur un vol du soir, je n'avais pas toujours d'avion pour redescendre tout de suite à Marseille. Je totalisais dix-huit jours d'engagement par mois, plus les trajets. Quand mon fils a eu deux ans, j'ai changé pour des court et moyen-courriers, d'abord au départ de Paris puis de Marseille. Désormais, je rentre dormir à la maison tous les soirs. C'est pourtant beaucoup plus fatigant car je me lève à 3 heures du matin, je vais chercher mon fils à 16 heures à l'école, je l'accompagne à ses activités, je l'aide à faire ses devoirs, je m'occupe de l'intendance de la maison… avant d'aller me coucher. Nous n'avons pas de famille près de chez nous, cependant nous avons la chance d'avoir une nounou extraordinaire depuis neuf ans. Comment je l'ai rencontrée ? Elle était la femme de ménage du voisin, nous avons sympathisé. Elle s'adapte à nos contraintes horaires et j'ai une totale confiance en elle. Mais comme elle a une soixantaine d'années, ce serait trop difficile pour elle de se lever la nuit pour prendre le relais. Quand nous devons tous les deux commencer très tôt le matin ou que nous rentrons très tard le soir, Noé dort chez elle. Cela arrive trois ou quatre fois dans le mois. Elle habite à cinq minutes de chez nous. Elle est d'un calme olympien et apporte beaucoup de stabilité dans la vie de notre enfant. Elle sait que si elle doit gérer une urgence médicale, elle ne pourra pas nous appeler immédiatement. Si nous sommes en vol ou en escale nous ne pourrons de toute façon pas rentrer rapidement. Il m'arrive de prendre des congés sans solde mais elle est rémunérée la même somme chaque mois, qu'elle travaille ou pas. Les transitions sont parfois difficiles, rentrer sans avoir dormi pendant trente-cinq heures, c'est dur… Mais dans l'ensemble notre équilibre fonctionne. Comment s'y prennent les autres pilotes que je connais ? Beaucoup ont des jeunes filles au pair.*

*D'autres alternent les prises en charge par les grands-parents mais ce n'est pas toujours facile à organiser. Ceux qui ont des nounous ne partent pas toujours l'esprit aussi tranquille que moi. »*

**Aude, mère de Juliette 7 ans. Hôtesse de l'air. Habite Marseille.**

*« Je travaille sur des long-courriers. Je suis séparée du père de ma fille mais nous nous entendons bien et j'ai la chance qu'il accepte de se caler sur mon planning de vols pour la garde partagée. Il est lui-même sur des horaires décalés car il est entraîneur sportif, donc il travaille le soir (entraînements) et les week-ends (compétitions). Ce sont les grand-mères qui prennent le relais, bien qu'elles soient encore actives. Sa mère en semaine, la mienne le week-end car elle habite trop loin de l'école de ma fille. Et quand personne n'est disponible il reste les deux grands-pères car mes parents et ceux de mon mari sont séparés ! Au début de chaque mois, j'envoie mon planning de vol à tout le monde, chacun donne ses disponibilités et nous prévoyons les tours de garde. Je travaille maximum sept jours d'affilée, en moyenne quatre. J'ai deux ou trois jours de repos entre chaque mission avec chaque mois sept jours de repos consécutifs. Je suis chez moi au minimum treize jours par mois. J'emmène alors ma fille à l'école, je vais la chercher à 16 h 45, je l'accompagne à ses activités le mercredi, je participe aux sorties scolaires... L'avantage de mon métier c'est que quand je ne suis pas en vol je peux être totalement disponible car je ne rapporte pas de travail à la maison. Ce qui ne m'empêche pas de culpabiliser à chaque fois que je dois partir. Grâce à cette organisation familiale nous n'avons jamais eu besoin de faire appel à une baby-sitter, je ne suis pas inquiète pour ma fille quand je suis loin d'elle. »*

Les chiffres ne disent rien des enfants qui restent seuls chez eux, ou même qui dorment dans des voitures pendant que leur mère est en trois huit à l'usine. Car travailler en horaires décalés avec des enfants, c'est possible quand les parents peuvent se passer le relais. Ça l'est beaucoup moins quand l'un des deux vit seul avec ses enfants, le plus souvent les mères.

## À horaires atypiques, modes de garde atypiques

Bien souvent, la solution reposera sur des initiatives individuelles et des financements innovants.

Un exemple parmi d'autres : celles apportées par la société Optimômes[1] créée par Anne-Karine Stocchetti. Le réseau GEPETTO[2] est un dispositif spécialement conçu pour les parents qui travaillent sur des horaires décalés : il s'agit de professionnel(le)s de la petite enfance qui interviennent sept jours sur sept, de jour comme de nuit, au domicile des parents travaillant tôt le matin ou tard le soir. Ce relais « éducatif » à

1. Optimômes groupe aujourd'hui soixante collaborateurs et fonctionne comme un laboratoire de réflexion autour d'une meilleure coordination des solutions de garde en France : www.optimomes.org. Elle est par exemple également à la source d'une expérimentation menée depuis trois ans pour la communauté d'agglomération Seine-Eure (la CASE) et soutenue par la CAF de l'Eure : le Casou. Il s'agit d'une plate-forme informatique collaborative réservée aux professionnels petite enfance, qui rassemble toutes les demandes d'accueil formulées sur l'agglomération par les parents auprès des différents « opérateurs » (crèches communales, associatives et interentreprises, centres de loisirs, pôles enfance, relais assistantes maternelles et centre sociaux). D'abord pour envisager des réponses aux familles en mutualisant les réponses proposées par les services existants ; ensuite, pour établir des statistiques sur les besoins non satisfaits afin d'anticiper et de créer éventuellement de nouveaux services sur le territoire. Ce n'est plus « un enfant, une place », mais plutôt « un enfant, une réponse » !

Anne-Karine Stocchetti, fondatrice d'Optimômes, membre du Haut Conseil à l'égalité de 2009 à 2012, a reçu en 2007 le Prix Schwab de l'entrepreneur social de l'année et en novembre 2013 le Prix de l'entreprise responsable des « Femmes de l'économie ».

2. Garde d'enfant pour l'équilibre du temps professionnel, du temps familial et son organisation.

domicile permet aux enfants de rester chez eux, tranquillisés, comme leurs parents. Car les départs en catastrophe, les solutions bricolées, souligne Anne-Karine Stocchetti, c'est impossible à tenir dans la durée : trop de stress...

Les intervenants GEPETTO ne se présentent jamais sans une valise rouge contenant le minimum ludique vital : pâte à modeler, peinture, jeux, marionnettes... À chaque intervention, ils notent dans un cahier de liaison ce qu'ils ont fait avec les enfants. Cerise sur le berceau, les parents payent ce service en fonction de leur quotient familial (de 1,90 € à 11 € de l'heure) et ce jusqu'aux douze ans de leurs enfants.

Cette solution innovante, Anne-Karine Stocchetti l'a mise en place en 2001, avec le soutien de la CAF du Morbihan. Portée par des fonds européens, elle a été expérimentée sur plusieurs départements et très vite d'autres CAF ont suivi. Anne-Karine Stocchetti souhaiterait que ce système s'étende et devienne accessible à tous. Car, pour le moment, le dispositif financier de GEPETTO ne permet qu'à certaines catégories de parents d'en bénéficier.

Depuis 2009, les interventions à domicile sont aussi couplées avec l'ouverture de petites crèches de douze places, pour offrir une continuité de services aux familles, Les Minuscules. Leur fonctionnement (absence de hiérarchie dans les équipes, liens avec la communauté – le quartier, les institutions... –, coéducation avec les parents, participation des enfants...) s'inspire des travaux du pédagogue Loris Malaguzzi, initiés à partir des années 1960 dans des crèches du nord de l'Italie et qui insistent sur l'attention aux différents langages de l'enfant : cognitifs, corporels, imaginatifs, sensoriels (voir encadré ci-contre)... L'apprentissage du rapport à l'autre y est central.

> *« L'essentiel à cet âge, ce n'est pas de savoir tenir une fourchette, explique Anne-Karine Stochetti, mais d'apprendre à interagir avec l'autre. Nous réfléchissons beaucoup en ce moment autour*

*des différences de traitement envers les enfants introvertis et extravertis. Les enfants extravertis sont privilégiés en permanence. Ils font plus de bruit, ils nous sollicitent tout le temps... Alors on s'en occupe plus. Dans une petite structure, il est possible d'être plus attentif aux enfants introvertis. Cela implique une observation fine. Les enfants sont invités à s'exprimer et à être moteurs de leurs activités. Notre réflexion tourne autour de cette question : quels ingrédients donner aux enfants pour qu'ils aient envie de décider de leur existence ?»*

Des enfants bien dans leurs pompes avec une sécurité affective bien installée, c'est important, non ?

### Les Minuscules, une «crèche solidaire»

15 heures. Lyon. Un mardi d'octobre. En sortant de la gare Part-Dieu, je marche cinq minutes avant de rejoindre la microcrèche «Les Minuscules», baptisée ainsi en hommage au roman de Roald Dahl, le facétieux auteur gallois. Je viens rencontrer Anne-Karine Stocchetti : la complémentarité qu'elle a créée entre le réseau GEPETTO et la crèche a été baptisée «crèche solidaire».

Une barre d'immeuble, une terrasse avec quelques trotteurs en plastique. Dans l'entrée j'enfile des surchaussures en éponge fuchsia, avant de pousser la porte de la salle commune. Je remarque un canapé, une chaise chinée, une pendule de ferme ornée de coqs, sur laquelle ont été collés en face de chaque heure les mots «jouer, rêver, dormir, toucher, créer, regarder, sauter, rire, chanter, danser, sentir...». Tout un programme pour ces petits, dont une partie s'est rassemblée autour d'une conteuse, pendant que les plus grands goûtent et que les bébés sont plongés dans la contemplation de leurs orteils dans un espace protégé. Confortablement installé sur le canapé, Raphaël, le directeur, donne son biberon de midi à la petite Lucie qui vient seulement de se réveiller de sa sieste. Car ici on laisse les enfants suivre leur propre rythme. L'objectif est de créer une bulle de douceur, « comme à la maison ». C'est réussi. Je m'installerais bien quelques heures sur ce canapé moi aussi...

« Je demande à mes équipes de se poser, m'explique Anne-Karine Stocchetti. D'être là avec l'enfant dans l'instant présent, pas dans la minute d'avant ni dans la minute d'après. C'est d'une simplicité redoutable, pourtant c'est très difficile. C'est toute la question de la disponibilité. Quand on est disponible, ça se passe toujours mieux avec les enfants, vous avez remarqué ? Le matin quand on est stressé, on met plus de temps à se préparer que si on accepte de passer cinq minutes à les aider à mettre leurs chaussures tranquillement. On le sait tous. Sauf que quand on doit tout concilier on est toujours dans la minute d'après. Dans un lieu d'accueil, on peut fonctionner autrement. Si l'une de nos auxiliaires de puériculture a appris dans sa formation qu'elle doit faire le ménage toute la journée, on lui fait comprendre que ce n'est pas idéal que les enfants la voient passer sans cesse avec un chiffon. Cela l'empêche d'être avec eux. Je n'ai aucun souci sur l'hygiène de la structure, quelqu'un vient une heure et demie tous les soirs. C'est souvent une question de regard des autres, les parents, les collègues. Ce métier est encore en majorité exercé par des femmes, même si nous encourageons le recrutement d'hommes. Il leur faut lâcher sur l'intendance, la culpabilité, le jugement de l'autre, le besoin de montrer qu'elles sont "parfaites". »

## Comment trouver une garde quand on travaille en horaires décalés?

Vous avez besoin de faire garder votre enfant en dehors des heures classiques (8 heures-18 heures)?

Renseignez-vous auprès de :

- votre mairie, qui vous orientera, s'il en existe, vers les services publics, associatifs ou privés qui proposent de la garde en horaires atypiques dans votre région ;
- votre employeur, qui peut avoir conclu des partenariats avec l'un d'eux ou vous proposer des aides spécifiques.

## Quelles sont les propositions?

- L'offre de garde à domicile aidée par la CAF reste un dispositif confidentiel à l'échelle de la métropole.
- Certaines crèches, surtout associatives ou gérées par des entreprises privées, accueillent les enfants sur de grandes amplitudes horaires (type 6 heures-22 heures), voire la nuit ou les week-ends. Il existe quelques crèches qui fonctionnent 24 heures/24 et 7 jours/7 (voir l'interview de → p. 106. la fondatrice de la crèche Baby Loup). Par ailleurs, des entreprises aux horaires atypiques mettent en place des structures d'accueil pour leurs salariés.
- Des villes comme Strasbourg proposent sur leur site une plaquette concernant les solutions d'accueil en horaires atypiques (www.strasbourg.eu, rubrique vie quotidienne). D'autres peuvent proposer des places dans les crèches des hôpitaux, quand il en existe.
- Une partie des assistantes maternelles acceptent des horaires élargis (6 heures-22 heures du lundi au samedi), même si elles ne sont pas majoritaires. Renseignez-vous auprès des Réseaux d'assistantes maternelles (RAM)

proches de chez vous (dont vous trouverez l'adresse sur www.mon-enfant.fr). Sur le site du conseil général de l'Aube, il est par exemple possible de visualiser les assistantes maternelles qui proposent des horaires décalés (assistante-maternelle.cg-aube.fr). Le site www.assmat-france.fr permet la recherche d'assistantes maternelles qui accueillent les enfants la nuit et le week-end.

- Certaines universités accueillent les enfants des étudiants pendant les heures de cours, comme Caen, Paris-VI, Paris-VII ou Lille-III.

**Voici aussi l'histoire de la crèche de Roissy, Les p'tits avions[1].**

*Une hôtesse de l'air attendue sur un vol Paris-Nice installe ses deux bébés dans la baignoire pour quelques heures, ne sachant à qui les confier. À Nice, l'avion ne peut pas repartir immédiatement à cause d'un problème technique. L'hôtesse de l'air s'effondre, les services d'urgence sont appelés pour secourir ces deux bébés. La syndicaliste Françoise Hainaux décide qu'elle en assez d'entendre des histoires comme celle-ci et c'est ainsi qu'elle crée en 1992 Les p'tits avions. D'abord « crèche volante » à domicile, puis également crèche collective depuis 2005, celle-ci accueille cent quatre-vingts enfants dont les parents travaillent sur l'aérogare (personnels navigants, au sol, douane...) de 4 h 30 à 22 h 30.*

## → Quelques adresses

- L'enfanfare à Toulouse : www.lenfanfare.org ;
- Domicil'Enfance à Lille et Roubaix : www.innovenfance.org ;
- Domi'Kid dans la Manche : www.domikid.fr ;
- Do l'enfant Dom, en Charente-Maritime : www.dolenfant dom.com ;

1. www.ptits-avions.com.

- Le dispositif Arc-en-ciel à Nancy : www.social.nancy.fr/pagint/fiche.php?cid=485 ;
- SOS Nounou dans la Meuse : www.amf55.org ;
- À domicile dans l'Oise : www.adomicile60.fr...

## L'avenir de la garde en horaires décalés

Tous ces dispositifs restent délicats à gérer en termes de financement et de ressources humaines. Faute de soutien, certains gestionnaires jettent l'éponge après quelques années de fonctionnement.

Selon un rapport de la CAF[1], le frein principal au développement de la garde en horaires décalés repose sur les contraintes de flexibilité, reportées sur les professionnels de la petite enfance qui peuvent avoir eux-mêmes des difficultés à articuler travail et vie de famille, les contreparties n'étant pas toujours à la hauteur des contraintes d'emploi du temps.

Pour soutenir les projets innovants, la CNAF[2] réfléchit à une modulation du financement des établissements selon le service apporté aux familles : accueil sur des horaires atypiques, accueil en urgence, accueil des enfants handicapés ou d'enfants de parents travaillant à temps partiel... Une réflexion devrait être conduite pour favoriser notamment le fonctionnement des assistants maternels en réseau. La CNAF prévoit également de recenser ces dispositifs spécifiques sur le site mon-enfant.fr. À suivre.

---

1. CAF, « Jeunes enfants : les expériences innovantes d'accueil à horaires atypiques », *L'E-ssentiel*, juillet 2005.
2. COG 2013-2017.

## … LA RÉALITÉ DES FAMILLES EST TABOUE

*Natalia Baleato a fondé en 1991 la crèche Baby Loup, ouverte vingt-quatre heures sur vingt-quatre et sept jours sur sept à partir de 2002. Alors qu'elle a été placée sous les projecteurs médiatiques suite aux procès qui l'ont opposée à une salariée licenciée pour avoir refusé d'enlever son voile*[1]*, on connaît moins le fonctionnement de cette crèche, qui doit encore se battre pour convaincre de l'utilité de son modèle.*

**La politique familiale actuelle encourage le développement de l'accueil en horaires atypiques, pourtant les structures comme la vôtre disent ne recevoir des soutiens financiers qu'au compte-gouttes. Comment l'expliquez-vous ?**

Je crois que nous ne parlons pas tout à fait de la même chose. Pour les politiques, les horaires atypiques s'arrêtent à 20-21 heures. Pourtant, partir le matin à 6 heures ou rentrer le soir à 21 heures fait partie des horaires classiques ! De plus en plus de salariés travaillent sur des rythmes qui changent d'un jour à l'autre ou d'une semaine à l'autre. Une fois de 4 heures à 12 heures, puis de 20 heures à 4 heures, puis le week-end. Les enfants sont gardés par différentes personnes dans la journée, sur des temps morcelés : la gardienne tôt le matin, ensuite la crèche ou l'école et la garderie, puis une troisième personne qui les récupère le soir. Nous considérons tous comme normal que les médecins, les infirmiers, les pompiers, les policiers, les électriciens, les conducteurs de train, les postiers… travaillent

1. À lire sur cette question *Comment le voile est tombé sur la crèche*, de Caroline Eliacheff, *op. cit.* La crèche a dû quitter Chanteloup-les-Vignes suite à cette affaire. Elle a rouvert à Conflans-Sainte-Honorine.

de nuit. Pourquoi pas des crèches pour les enfants de ces personnes-là ? Par ailleurs, les familles monoparentales sont de plus en plus nombreuses, c'est un fait. Les grands-parents sont souvent éloignés, c'est une réalité. Nous devons nous y adapter. Les baby-sitters ou les nourrices de nuit sont rares, chères et pas toujours aussi bien formées que du personnel de crèche.

**Quels types de réticences constatez-vous autour de cette idée de crèche vingt-quatre heures sur vingt-quatre ?**

Je constate qu'il existe encore tout un système de culpabilisation des parents dont le mode de vie n'est pas d'être présent à la maison à 19 heures. C'est idéologique, car le fonctionnement de la société ne correspond pas à cette image d'Épinal. Il faut regarder la réalité telle qu'elle est, et non pas telle que nous voudrions qu'elle soit. La réalité, ce sont des femmes seules qui exercent des métiers mal payés et qui sont obligées d'accepter des heures supplémentaires ou du travail de nuit pour joindre les deux bouts. Si on leur propose de travailler un samedi soir pour gagner 200 € de plus, elles acceptent. Ces mères ne sont pas irresponsables : elles n'ont pas le choix. Une policière qui travaille de nuit peut gagner jusqu'à 300 € de plus. Ce n'est pas un choix, c'est une nécessité. Pourtant, j'entends parfois : « Pourquoi a-t-elle fait des enfants avec un tel travail ? » La « parentalité » est très à la mode mais ne fabrique-t-on pas un modèle unique ? Quand les choses vont mal avec les enfants, on accuse d'abord les parents. Mais ne devrait-on pas se demander plutôt comment s'organise la société pour les aider ?

**Ceux qui ne sont pas favorables aux crèches de nuit vous opposent le bien-être de l'enfant. Que répondez-vous ?**

C'est une autre idéologie, en réponse à la précédente, selon laquelle passer la nuit dans une crèche ne serait pas bon pour l'enfant. La vraie question, c'est comment faire en sorte qu'à tout moment un enfant se trouve dans un milieu sécurisant, quels que soient les horaires de ses parents. On suit par exemple une mère qui est routière. Il peut arriver, en hiver, qu'elle soit bloquée à la frontière à cause de la neige. Que faire ? Lui dire de se débrouiller ? Nous devons pouvoir adapter nos horaires à ces situations. Il arrive que son enfant dorme à la crèche. Il a son lit, son espace, des photos de sa famille accrochées sur le mur. L'idéologie, c'est d'affirmer qu'il n'est pas idéal qu'un enfant dorme à la crèche, que les enfants ne doivent pas passer plus de neuf ou dix heures en collectivité. N'est-ce pas hypocrite d'ignorer les réalités se situant au-delà de ce qu'on désigne comme idéal ? Le bien-être de l'enfant ne se mesure pas seulement de 9 heures à 19 heures ! Par ailleurs, nous constatons que les enfants qui dorment parfois à Baby Loup passent en moyenne moins de temps à la crèche que les enfants accueillis la journée. Ici, les enfants viennent entre cent vingt et cent cinquante heures par mois. Nous sommes loin des deux cents heures mensuelles que passent en collectivité de nombreux petits accueillis cinq jours par semaine.

**Une crèche vingt-quatre heures sur vingt-quatre, ça coûte plus cher, il faut trouver du personnel...**

Plus cher ? Non. Nos dépenses s'élèvent à 10 € de l'heure par enfant alors que la moyenne des crèches est entre 8 et 15 €. Le taux d'occupation de la crèche de nuit est de 60 %, soit plus que la plupart des crèches de jour. Il est vrai que planifier d'une semaine à l'autre le personnel, répondre aux appels en urgence, s'adapter à la demande des familles, oui, c'est plus de travail. Les crèches accordent peu de place à l'urgence. Une mère appelle car le plus grand est tombé à l'école et elle doit l'emmener à l'hôpital : peut-on garder son petit plus longtemps à la crèche ? La plupart du temps, c'est non. Une autre doit déposer son enfant vingt minutes plus tôt un matin ? Parfois, ce n'est pas possible non plus. Lors de certaines périodes de soldes ou de fêtes, les employeurs demandent aux salariés de travailler plus. La souplesse existe dans le principe, mais peu dans la pratique. Il ne s'agit pas de passer toutes les crèches au 24/24 mais je pense que chaque communauté de commune devrait avoir une crèche de nuit. Nous accueillons des familles d'une vingtaine de communes. Pour qu'un tel accueil fonctionne bien, il faut s'en donner les moyens, avec du personnel bien formé et particulièrement investi, qui peut prendre le temps de créer un lien de confiance avec les parents[1].

1. Baby Loup loue un gîte chaque année à Belle-Île-en-Mer avec une vingtaine de familles et le week-end de Pâques un gîte à la campagne avec les mères seules.

## Pour un accueil occasionnel en crèche, un ou deux jours par semaine

En 2000, la CNAF a mis en place une réglementation qui s'appelle la prestation de service unique (PSU), généralisée au 1er janvier 2005. Cette réglementation a imposé aux crèches, outre des tarifs uniques, des conditions d'« optimisation » : elles doivent occuper au minimum 70 % de leur capacité d'accueil[1], et les CAF participent financièrement sur la base du nombre d'heures de fréquentation et non plus du nombre de places.

Les crèches ont donc « intérêt » à accueillir des enfants sur les créneaux inoccupés, comme le mercredi ou le vendredi après-midi par exemple – une optimisation qui, nous le verrons, n'est pas perçue par tous comme un progrès. Elles ont la possibilité d'en recevoir :

- à temps partiel : trois jours par semaine ;
- en occasionnel : un ou deux jours par semaine ;
- en urgence : en cas d'hospitalisation des parents ou de situation particulière (reprise de travail, handicap...).

Pour en bénéficier les parents n'ont pas besoin de justifier d'une activité professionnelle. Les demandes pour moins de vingt heures par semaine sont parfois examinées par une commission spéciale mais la plupart du temps elles sont gérées directement par la directrice de crèche.

1. « Fin 2011, le taux moyen de fréquentation financier des EAJE est de 68,8 %, en progression de 3,5 % par rapport à 2009 et de 9,4 % par rapport à 2006. » Rapport de la Cour des comptes, « L'accueil des moins de trois ans », *op. cit.*

## Comment utiliser ces nouvelles possibilités?

- Pour compléter un autre mode de garde, si votre assistante maternelle ne travaille pas le mercredi, par exemple. La crèche remplit alors la même fonction que la halte-garderie, mais elle ferme plus tard. → p. 116.
- Pour trouver une solution d'accueil occasionnel pendant les vacances scolaires.
- Pour assurer un relais avec une nounou ou des grands-parents entre 7 heures-9 heures si vous travaillez très tôt le matin.
- Pour faire garder vos enfants si votre planning est variable (vous êtes intermittent, infirmier ou restaurateur par exemple).
- Pour vous permettre de vous reposer ou de monter un projet si vous ne travaillez pas.

Pour obtenir un accueil occasionnel vous pouvez tenter votre chance directement auprès du gestionnaire de la crèche si elle est « multi-accueil ». Parlez de « projet d'accueil » pour votre enfant (« j'ai besoin de le socialiser quelques heures par semaine ») plutôt que de « dépannage ». Une gestionnaire de crèche conseille même de rédiger un « CV de parent » avec des demandes précises et de le distribuer dans les crèches proches de son domicile.

Encore une fois, ce principe est appliqué différemment selon les communes. La Ville de Paris, par exemple, qui bénéficiait d'une dérogation, commence tout juste à proposer ce type d'accueil « à la carte ». Auparavant, les enfants étaient accueillis le plus souvent à temps plein, parfois à temps partiel. Depuis 2013, quelques établissements appliquent les nouvelles normes. Ils testent des systèmes invitant les parents à se badger à l'entrée et à la sortie de la crèche, pour permettre aux gestionnaires d'avoir une vision des pics d'occupation de leurs crèches et de mieux organiser leurs besoins en personnel.

> *« En pratique, c'est toute une aventure, m'explique une directrice parisienne. À Paris, nous pratiquons depuis cinq ans du multi-accueil, à mi-temps, c'est-à-dire une famille sur deux-trois jours avec une autre famille qui complète. L'accueil à la journée démarre tout juste. Nous avons du mal à recruter sur des petits temps. Qui va venir juste un mercredi ? Ou un vendredi après-midi ? Les parents en garde partagée dont la nounou ne travaille pas ce jour-là par exemple. Cependant ils ne le savent pas. La mairie n'a pas les outils pour affiner les demandes des familles. Celles-ci s'inscrivent toujours pour un plein-temps car elles ont peur que nous leur refusions la place si elles avouent avoir besoin de moins d'heures dans la semaine. Nous essayons de nous mettre en réseau avec les haltes-garderies, qui accueillent à la journée ou à la demi-journée des enfants qui n'ont pas eu de place en crèche. »*

En province, certaines villes proposent depuis longtemps un accueil à la carte. Bien souvent, les parents réservent un créneau et ils signent un contrat. Une fois engagés ils doivent tenir ce contrat horaire. Cela permet aux crèches de mieux ventiler le taux de présence de leur personnel.

À titre d'exemple, voici les taux d'accueil sur Toulouse en 2012 : 5 jours : 62 % ; 4 jours : 19 % ; 3 jours : 8 % ; 2 jours 9 % ; 1 jour : 2 %.

> *« Nous accueillons de plus en plus de familles qui ont des besoins de garde avec des horaires et des jours non fixes que l'on appelle variables : des infirmiers, des journalistes, des restaurateurs, des commerçants... Dans le meilleur des cas, les familles sont en mesure de nous communiquer leur planning d'un mois sur l'autre, au pire c'est le lundi pour la semaine à venir..., explique une*

> *directrice d'un multi-accueil de quatre-vingts places en Lorraine. Bien sûr, plus nous acceptons de familles aux plannings variables, plus nous risquons de rencontrer des problèmes. Nous avons une vingtaine de familles sur ce modèle en ce moment sur l'ensemble de la structure. Tant que nous ne connaissons pas leur planning nous agissons comme si nous les attendions tous les jours. Comme nous sommes une petite ville, nous pouvons avoir une analyse assez fine des besoins des parents. À partir du moment où ils sollicitent la structure comme mode de garde proprement dit, leurs demandes sont étudiées en commission mensuelle d'attribution. Pour les autres demandes, type "halte-garderie", c'est vu directement en fonction des possibilités du service.*
> *Pour les familles qui ont un planning fixe ou bien un besoin en heures identique chaque semaine, on établit un contrat d'accueil en fonction de leurs souhaits. Cela varie généralement entre quatre et cinquante heures par semaine. Les familles évaluent également le nombre d'heures de congés dont elles vont avoir besoin sur la durée du contrat. Cette estimation définit alors leur quota de congés. Lorsque l'enfant est absent, si la famille avait prévu cette absence au moins une semaine à l'avance, les heures pourront être déduites dans la limite du quota de congé qu'ils auront défini, sinon elles seront quand même facturées. »*

Sur le papier, la facturation devrait désormais être effectuée à l'heure et les quotas de congé devraient disparaître, même si les établissements déjà ouverts avant la mise en place de la nouvelle réglementation peuvent encore facturer des créneaux horaires aux familles.

*Les directeurs de crèche affirment également que la facturation à l'heure fait baisser leur taux de fréquentation : les familles trouveraient d'autres solutions moins coûteuses en relais : grands-parents, voisins, etc.*

Une gestion qui n'est pas facile à mettre en œuvre pour les responsables de crèche ! C'est pourquoi l'accueil à temps complet (quatre ou cinq jours par semaine) resterait la règle dans la plupart des établissements. Notamment car il permet de garantir un certain montant de facturation aux parents. Or la CAF complète le prix payé par les familles. Moins de facturation aux parents = moins d'aides de la CAF.

Certains professionnels sont par ailleurs dubitatifs concernant des horaires trop éclatés, qui ne favoriseraient pas une bonne adaptation de l'enfant et compliqueraient le travail des accueillants, obligés de pointer les allées et venues des enfants et de passer des coups de fil aux parents en liste d'attente pour trouver des remplaçants aux absents.

> *« C'est autant la présence des professionnels que celle de leurs pairs qui rassurent les enfants, nuance une directrice de crèche. Les bébés communiquent entre eux très jeunes. Nous assistons souvent à des scènes de consolation et d'empathie entre eux. Hier matin, un bébé de trois mois s'est mis à pleurer. Il était inconsolable, alors que d'habitude il est plutôt calme. Nous nous sommes aperçus qu'un de ses petits copains n'était pas venu ce jour-là. Quand nous le lui avons dit, il s'est arrêté. C'est pourquoi il faut réussir à trouver un équilibre entre l'accueil d'un groupe stable et d'autres enfants plus libres, qui doivent aussi pouvoir se repérer dans le rythme d'accueil. »*

Le collectif Pas de bébé à la consigne[1] redoute un « temps partiel imposé à de très nombreuses familles, impliquant une multiplication sur la semaine de séquences d'accueil, en des lieux différents, "à la débrouille", préjudiciables aux besoins de continuité d'accueil pour les jeunes enfants

1. Le collectif Pas de bébés à la consigne regroupe associations professionnelles et syndicats de la petite enfance, du secteur social et de l'Éducation nationale, associations de parents d'élèves et familiales dans le but de défendre les intérêts des jeunes enfants et de leurs familles dans les différents modes d'accueil existants.

concernés (...)[1]. » Il s'inquiète de l'apparition d'un phénomène d'« enfants parking » garés quelques heures à la crèche, en fonction des besoins des parents et non parce qu'ils font partie d'un groupe[2]. Il souligne que l'enfant ne peut tirer de bénéfice d'une séparation que si on l'aide à construire les sécurités nécessaires pour se tourner avec intérêt vers les autres et prendre sa place parmi eux, ce qui passe par des liens individualisés entre les professionnels et la famille.

D'autres parlent d'enfants « code-barres ». L'obligation faite aux parents de pointer leur arrivée et leur départ grâce à une douchette (comme aux caisses des supermarchés) passée sur un code-barres, déjà mise en place dans les crèches de certaines villes, ferait apparaître son lot de situations absurdes : des parents qui attendent devant la crèche sous la pluie pour ne pas badger trop tôt ou facturés une heure pleine à partir de sept minutes de retard. Ces situations, extrêmes, sont le versant absurde du travail au compteur.

Le décret Morano de juin 2010, qui avait soulevé un grand mouvement de protestation parmi les professionnels de la petite enfance, avait prévu par ailleurs la possibilité d'accueillir entre 10 et 20 % d'enfants en surnombre. À l'époque on avait parlé de « surbooking » dans les crèches, comme il en existe dans les avions. Ce décret est en cours d'abrogation au moment où j'écris, mais l'accueil en surnombre semble être maintenu dans le nouveau. Faut-il s'en réjouir ou s'en inquiéter ? Tout dépend de la façon dont les gestionnaires utiliseront cette possibilité...

1. www.pasdebebesalaconsigne.com/, tract du 7 juin 2013.
2. Véronique Arnoux, Laure Nivel-Craplet, « L'écoute du bébé compromise par la législation ? », *Anapsy* sur anapsype.free.fr/.

## Pour une garde ponctuelle : la halte-garderie

« Du temps pour souffler. » C'est ce que les haltes-garderies proposaient aux mères au foyer lors de leur création. Vous avez trouvé une nounou mais seulement deux jours par semaine ? Vous travaillez à mi-temps ? Vous ne travaillez pas ? Dans toutes ces configurations, la halte-garderie peut être une alternative à la place en crèche. Elle peut accueillir votre enfant jusqu'à cinq demi-journées par semaine.

C'est le responsable de la structure, après ouverture d'un dossier auprès des services de la petite enfance, qui décide si et quand il pourra l'accepter.

Les haltes-garderies ferment plus tôt que les crèches : 17 h 30 en moyenne (soit 17 h 15 pour les parents).

Attention, certaines haltes-garderies ont des cuisines qui leur permettent de faire manger les enfants, mais d'autres non. L'accueil de l'après-midi commence dans ce cas à 13 h 30 et se termine à 17 h 15.

*« J'ai un métier qui me permet de travailler de chez moi, raconte Marion. Quand ma fille a eu deux ans, j'ai trouvé une baby-sitter trois jours par semaine. Le reste du temps, je l'ai inscrite à la halte-garderie. Le lieu était plus petit que la crèche. Les bébés par exemple n'avaient pas d'endroit à eux pour faire la sieste. Ils dormaient dans des transats dans la salle commune. L'espace de jeu des grands n'était pas non plus immense. Mais ils avaient un toboggan, des petits vélos et des activités communes : chansons, dessin, pâte à modeler, galette des rois... Comme nous ne venions que deux jours par semaine et que l'équipe voyait beaucoup d'enfants différents entre le matin et l'après-midi, j'ai quand même eu le sentiment que les liens étaient moins forts que dans la crèche où avait été accueilli mon premier enfant. Mais l'équipe était très pro. »*

Le développement du fonctionnement des crèches en multi-accueil opère en quelque sorte une fusion entre crèches et haltes-garderies.

## Les jardins d'enfants et d'éveil

Les jardins d'enfants et d'éveil ont l'avantage de recevoir, sous certaines conditions, des enfants âgés de plus de deux ans à six ans non scolarisés ou scolarisés à temps partiel.

### Les jardins maternels

Ils accueillent en priorité des enfants de deux à trois ans qui n'ont jamais été en collectivité avant leurs deux ans. Il s'agit d'un lieu de socialisation avant l'école maternelle. Le tarif est le même que la crèche. L'admission se fait en septembre-octobre, comme sur une année scolaire.

### Les jardins d'enfants

Ce sont des structures dont le fonctionnement est proche de la crèche, réservées aux enfants de deux à quatre ans ou six ans.

### Les jardins d'éveil

Ils sont réservés aux deux-trois ans. Lancés dans le cadre d'une expérimentation en 2009, leur principe a été contesté notamment en raison de leur taux d'encadrement (un adulte pour huit à douze enfants, contre un adulte pour huit enfants aptes à la marche en crèche), qui aurait pu permettre de transformer les grandes sections de crèche en jardins d'éveil avec un taux d'encadrement moindre. Fin 2011, seuls dix-huit jardins d'éveil avaient ouvert leurs portes[1].

1. Leur principe devrait être supprimé par la réforme du décret Morano.

7

# Entre la crèche et l'assistante maternelle : la crèche familiale

Ce nom étrange, « crèches familiales », désigne les assistantes maternelles employées par la mairie ou des structures privées, qui accueillent des enfants à leur domicile tout en participant à des regroupements réguliers dans une crèche dédiée. Les crèches familiales représentent 11 % des places de garde en France.

→ p. 123.

**L'avantage ?** Un accueil individuel, mais sans certains inconvénients de l'emploi direct d'une assistante maternelle : vous n'êtes pas son employeur, elle est encadrée et soutenue par du personnel qualifié, elle ne porte pas le poids de la gestion administrative de son activité.

Plusieurs fois par semaine, les assistantes maternelles participent à des ateliers collectifs organisés à la crèche et animés par des éducatrices de jeunes enfants. La crèche propose aussi des ateliers extérieurs facultatifs : bibliothèque, jardin potager, pique-niques... Et les assistantes maternelles sont entourées par les professionnels : éducatrice de jeunes enfants, psychologue, puéricultrice, médecin... qui peuvent se rendre chez elles pour suivre l'accueil de l'enfant.

**L'inconvénient ?** Ce n'est pas vous qui choisissez l'assistante maternelle agréée mais la directrice de la crèche.

## Les formalités

Les inscriptions se font le plus souvent à la mairie, comme pour la crèche collective. Dans certaines villes, vous devrez vous inscrire directement auprès de la directrice de la crèche familiale. Les critères d'admission sont généralement les mêmes que pour la crèche collective.

Le tarif est également calculé sur le même barème que la crèche collective (le taux d'effort est même diminué de 0,01 %). La crèche familiale coûte donc en général moins cher qu'une assistante maternelle libérale. → p. 42.

Dans une crèche familiale, les assistantes maternelles sont rémunérées par le gestionnaire de la crèche. Vous n'avez donc aucune formalité à accomplir. En cas d'empêchement de votre assistante maternelle habituelle, la crèche organise son remplacement chez une collègue de la structure.

Cette formule permet de bénéficier d'un accueil individualisé sans rapport d'employeur avec les assistantes maternelles. Celles-ci, de leur côté, apprécient de ne pas avoir à gérer les aspects administratifs de la garde qui leur pèsent en libéral. Elles plébiscitent également l'encadrement qui leur permet de sortir de leur isolement. En contrepartie, elles doivent s'aligner sur les horaires déterminés par la ville, et parfois assurer de la garde en horaires décalés.

# Deuxième partie

# La garde individuelle de 0 à 3 ans

8

# Les assistantes maternelles

Premier mode de garde des enfants de moins de trois ans en France, les assistantes maternelles accueillent des enfants de zéro à douze ans à leur domicile, dans des crèches familiales ou des maisons d'assistantes maternelles (MAM). Elles seraient 339 000 à proposer un total de 910 300 places[1] et accueilleraient environ 30 % des enfants de moins de trois ans.

Comme pour les autres modes d'accueil, le nombre d'assistantes maternelles n'est pas le même partout. Moins nombreuses en Île-de-France, dans le Nord ou en Provence-Alpes-Côte d'Azur, elles sont au contraire très présentes dans les pays de la Loire ou en Franche-Comté.

Leur statut résulte de la loi du 17 mai 1977, qui a fait de l'ancienne activité de « nourrice » une profession réglementée, soumise à un agrément des autorités publiques. « Le mot “nourrice” a été supprimé de la loi mais le diminutif

1. 735 393 places pour des moins de trois ans et 174 907 places pour des trois à six ans. De 2008 à 2011 le nombre d'assistants maternels a augmenté de 32 344 soit une progression de 8 % selon la Cour des comptes. Le nombre moyen d'enfants gardés est passé dans le même temps de 2,8 à 3,1. Cette augmentation semble avoir concerné les trois à six ans. Le nombre moyen d'enfants de moins de trois ans est resté stable, aux alentours de deux par assistante maternelle.

"nounou" a la vie dure, regrette Ghyslaine Peinado, présidente de la Fédération nationale des assistantes maternelles. Je ne veux pas qu'une caractéristique physiologique (mes seins) serve à qualifier ma profession ! »

Du côté des parents, ce mode de garde est parfois envisagé comme un second choix (après la crèche), car il est vécu comme a priori moins rassurant. Une étude de l'Unaf[1] a analysé ces freins a priori :

> *« La peur, par principe, de laisser son enfant à "une étrangère", avec un entourage inconnu. Mais aussi une figure "inquiétante" de l'assistante maternelle qui persiste dans l'inconscient collectif. Le terme "nounou" que les mères utilisent (...) n'est pas neutre et rappelle la "mise en nourrice" à la campagne, à une époque où la mortalité infantile était importante et où les mères ne contrôlaient pas ce qui se passait chez ces nourrices. »*

Ces craintes seraient alimentées par des « on-dit » et la médiatisation des cas de maltraitance. Les assistantes maternelles seraient perçues comme peu souples, peu formées, pas contrôlées... Le « pouvoir » serait entre leurs mains du fait de la pénurie de mode de garde et les parents n'auraient plus qu'« à se plier à leurs exigences ».

L'étude constate cependant que ce regard change a posteriori.

> *« Dans la majorité des cas, l'accueil de l'enfant chez l'assistante maternelle va cependant très bien se passer. Elle est alors perçue comme "exceptionnelle" et le discours pour la qualifier peut devenir particulièrement grandiloquent : c'est "la perle rare", qui est souple, active, éveille les enfants... »*

---

1. Patricia Humann, coordinatrice du pôle éducation petite enfance et handicap à l'UNAF, « Modes de garde : vécu et attente des parents et des futurs parents », www.unaf.fr.

Le signe que tout va bien est que l'enfant est heureux d'aller chez elle. Le discours est alors très positif et teinté d'« affectivité », liée à la relation de proximité qui se crée autour de l'enfant.

Le statut des assistantes maternelles est porteur de beaucoup de contradictions et d'ambivalences. Elles seraient à la fois pas assez payées et trop chères pour les parents. Pas assez formées et trop coûteuses à former. L'équilibre semble délicat entre la nécessité pour elles de protéger leurs conditions de travail et la souplesse dont les familles ont besoin.

Les parents sont souvent peu préparés à devenir employeurs et beaucoup s'en remettent à elles pour les aspects administratifs. La loi de l'offre et de la demande, différente d'un département à l'autre, détermine qui, de l'assistante maternelle ou des parents, est en position d'imposer ses conditions.

Cette profession ne compte que 1 % d'hommes, c'est pourquoi je parlerai des assistantes maternelles, au féminin.

## Qui peut devenir assistante maternelle?

Pour être autorisée à accueillir des enfants, une assistante maternelle doit satisfaire deux conditions :

- **Obtenir un agrément du conseil général**, accordé après deux visites d'une puéricultrice de la PMI (protection maternelle et infantile) à son domicile.
  La puéricultrice vérifie la motivation et les qualités psychologiques de la candidate mais aussi que le logement est adapté à l'accueil des petits. L'agrément peut être délivré pour un à quatre enfants à plein temps, minimum

deux[1] (mais aussi pour des enfants plus grands déjà scolarisés). Il est renouvelable tous les cinq ans.

*« Il existe un référentiel établi par le ministère du Travail[2] pour harmoniser les conditions de délivrance de l'agrément. Cependant il est peu détaillé et chaque département fixe ses propres critères, explique Sandrine Dubois Lambert, secrétaire de la Fédération nationale des assistantes maternelles (Fednat-Assmat)[3]. Les normes sur la présence d'animaux ou la sécurité des piscines changent donc d'un département à l'autre. »*

- **Suivre une formation obligatoire de 120 heures** (60 heures avant de commencer à exercer et 60 heures dans les deux ans qui suivent l'accueil du premier enfant). Soit à peu près 15 jours de formation au total. Avant 2005, cette formation n'était que de 60 heures.

*« Depuis dix ans, le profil a changé, m'explique Sandra Onyszko, chargée de communication pour l'UFNAFAAM[4], qui participe à la formation dans cinq départements. Auparavant, les assistantes maternelles étaient majoritairement des femmes de quarante-cinquante ans. Aujourd'hui je vois beaucoup de candidates entre trente et quarante-cinq ans, certaines avec bac plus cinq ou six. Des commerciales ou des ingénieures qui en ont marre des transports en commun et de la pression. J'ai par exemple formé une juriste en droit administratif. Elle avait trois enfants dont des jumeaux. Elle se destinait à être assistante maternelle pendant quatre ou cinq ans. "Au moins je serai près d'eux, m'avait-*

1. Depuis la loi du 17 décembre 2008.
2. Le décret n° 2012-364 du 15 mars 2012, décret n° 2012-364 du 15 mars 2012.
3. www.fednat-assmat.org/
4. Union fédérative nationale des associations de familles d'accueil et assistantes maternelles.

> *elle expliqué, alors qu'aujourd'hui je ne rentre jamais avant 20 heures." J'ai aussi des éducatrices de jeunes enfants qui ne veulent plus exercer en collectivité.* »

Cependant la moitié des assistantes maternelles ne possèdent aucun diplôme et 13 % seulement un baccalauréat[1].

Conséquence de la situation économique, le nombre de demandes d'agrément serait en hausse, encouragé par Pôle emploi qui orienterait les demandeurs d'emploi vers les métiers de la petite enfance.

**TAUX DE COUVERTURE DES BESOINS D'ACCUEIL DES ENFANTS DE MOINS DE 3 ANS PAR LES ASSISTANTES MATERNELLES EN EXERCICE EN 2011**

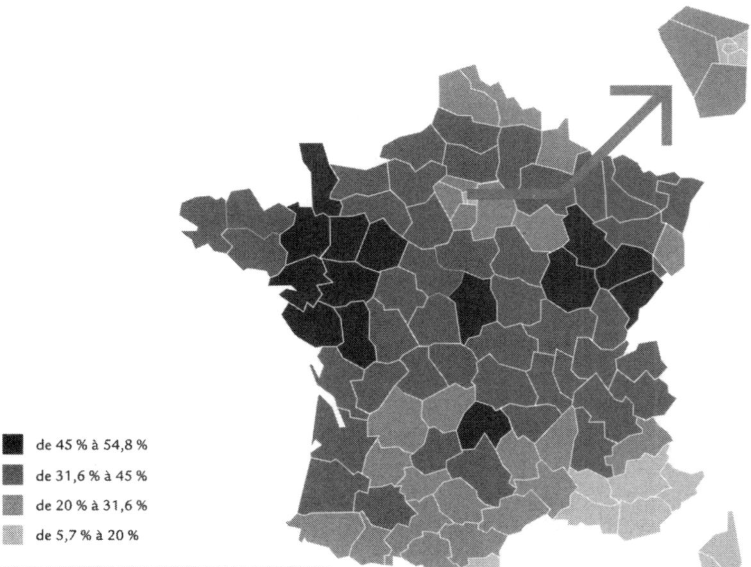


Champ : France métropolitaine.
Sources : IRCEM, données annuelles 2011 – INSEE, 2009, DREES, 2010.
Traitement : Observatoire FEPEM des emplois de la famille.

1. M. Cartier, E. d'Halluin, M.-H. Lechien, J. Rousseau, « La "sous-activité" des assistantes maternelles : un rapport au métier différencié selon le positionnement social », *Politiques sociales et familiales*, septembre 2012.

## Comment cette profession est-elle contrôlée ?

La réglementation prévoit des contrôles réguliers au domicile des assistantes maternelles par des puéricultrices de la PMI. Cependant, en pratique, le personnel des PMI est peu nombreux, et la fréquence des contrôles est variable selon les départements. Si l'Aude organise trois visites annuelles, c'est une visite tous les deux ans dans le Nord et tous les trois ans à Paris.

*Toutefois, les mesures de suspension ou de retrait sont rares : 20 suspensions et 15 retraits en 2011 dans d'Aude pour 1 425 assistants maternels ; 50 retraits par ans dans le Nord pour plus de 20 000 assistantes.*

> *« La PMI n'a pas le personnel pour effectuer des contrôles réguliers,* m'ont expliqué des assistantes maternelles. *Résultat ? Les puéricultrices appellent pour annoncer leur passage car, par manque de temps, elles ne peuvent pas risquer d'arriver pendant une absence. »*
> *« Oui, les contrôles sont insuffisants, confirme Sandra Onyszko, de l'UFNAFAAM. Cependant, en cas de signalement, les puéricultrices effectuent un contrôle immédiat et par surprise. Par ailleurs, les assistantes maternelles sont très surveillées par leur entourage. Vous n'imaginez pas le nombre de signalements reçus par la PMI émanant de voisins ou de collègues ! »*

Ce manque de contrôle (officiel en tout cas) devrait vous conduire à ne pas trop investir l'aspect « garanti par l'État » de cette profession. Sans suspicion de principe non plus. Fiez-vous à vos capacités d'appréciation de la qualité de l'accueil. Comment êtes-vous reçus ? Comment l'assistante maternelle se comporte-t-elle à l'égard de votre enfant ? de ceux qu'elle accueille déjà ? Qui sont les personnes qui seront présentes dans la journée auprès de votre enfant (mari, adolescents, voisins...) ? Où dormira-t-il ? Quel est l'état du matériel (jouets, siège auto, poussette...) ? « Il faut que les parents comparent, prennent du temps », insiste une assistante maternelle. Même s'ils n'ont pas toujours beaucoup de choix... Arriver à l'improviste de temps en temps une fois que votre enfant est confié à une assistante maternelle est autant conseillé qu'en cas de garde à domicile.

Quels sont les motifs les plus fréquents de retrait d'agrément ?

> *« Nous avons des assistantes maternelles qui ont confié les enfants à une autre personne au sein de leur foyer, par exemple à leur mari, pour se rendre à la sortie de l'école, explique Sandrine Dubois Lambert, qui siège à la commission consultative paritaire du conseil général de l'Hérault. Certaines acceptent trop de minicontrats, notamment en périscolaire et se retrouvent avec huit enfants certains soirs. Ensuite vous avez des problèmes qui pourraient être décelés si les assistantes maternelles bénéficiaient d'une visite médicale obligatoire, comme l'alcoolisme ou la dépression. Des cas d'enfants qui ont reçu des coups ou des gifles, nous en voyons en moyenne un par an... »*

## Comment trouver une assistante maternelle ?

- Sur le site www.mon-enfant.fr, même si actuellement seules 60 % des assistantes maternelles y seraient inscrites et que, dans la plupart des cas, leurs disponibilités n'y figurent pas encore.
- Dans le relais assistantes maternelles (RAM) de votre commune (ou de celle où vous travaillez) s'il en existe un.
- Auprès des services de la PMI (Protection maternelle et infantile) de votre ville ou de votre quartier.

- Auprès des services petite enfance de la mairie ou des relais information famille.
- Sur le site du Syndicat professionnel des assistantes maternelles et assistants familiaux (SPAMAF), www.assistante-maternelle.org. Ce site propose également une liste des maisons d'assistantes maternelles sur toute la France.
- Sur le site www.assmat-france.fr qui propose un questionnaire de recherche précis (par quartier, par type d'horaire et d'agrément).
- Sur le site www.assmat.com, créé par un père auteur de logiciels indépendants.
- Au square, qui reste une bonne base d'observation.

Pour le moment, les assistantes maternelles n'ont pas l'obligation de s'inscrire auprès de tel ou tel service ni de leur communiquer leurs disponibilités. Vous devrez la plupart du temps les appeler une par une.

## Comment les parents emploient-ils les assistantes maternelles?

Les assistantes maternelles libérales sont salariées directement par les parents, sauf lorsqu'elles exercent en crèche familiale (elles sont alors rémunérées par la mairie et les parents payent le même prix que la crèche). → p. 119.

Comme pour les salariés à domicile, les parents et l'assistante maternelle signent un contrat, qui prévoit une période d'essai (de deux à trois mois selon le temps d'accueil), les horaires, les congés annuels, les indemnités en cas d'absence de l'enfant, etc.

### → Où trouver des modèles de contrats?

- sur www.pajemploi.urssaf.fr (cliquez sur « employeur d'assistant maternel agréé ») ;
- auprès des services de la PMI de votre commune ou de votre quartier ou dans les relais assistantes maternelles (RAM).

Avant de signer le contrat il est fortement conseillé de lire la convention collective des assistantes maternelles du 1er juillet 2004 sur www.legifrance.gouv.fr (rubrique convention collective). Rébarbatif mais instructif.

Ensuite, www.pajemploi.urssaf.fr est le site qui permet de déclarer votre assistante maternelle et les salaires versés. Vous devez d'abord établir une demande de complément du libre choix de mode de garde auprès de votre caisse d'allocations familiales (dans le premier mois de l'embauche). Vous recevrez des identifiants qui vous permettront de vous inscrire sur Pajemploi.

#### L'engagement réciproque

Si vous trouvez une assistante maternelle avant que votre enfant soit né, vous pouvez utiliser un précontrat qui vous engage à signer un contrat dans quelques mois. Celui qui ne le respecte pas devra verser à l'autre un demi-mois de salaire.

Un modèle d'engagement réciproque est disponible sur www.pajemploi.urssaf.fr.

## Combien de temps une assistante maternelle peut-elle garder vos enfants?

La durée quotidienne « habituelle » est fixée à neuf heures. Une assistante maternelle ne peut accueillir les enfants plus de six jours consécutifs. Au-delà de qurante-cinq heures par semaine, son tarif horaire doit être majoré (généralement entre 10 et 25 % à négocier au moment de la signature du contrat). On parle alors d'heures supplémentaires. Les heures complémentaires sont les heures effectuées au-delà de la durée d'accueil fixée dans le contrat. Elles sont payées au même tarif que les autres sauf si elles sont supérieures à la durée légale du travail (elles deviennent alors des heures supplémentaires).

*La durée du travail est de 48 heures hebdomadaires maximum sur quatre mois, ou bien sur douze mois dans un plafond de 2 250 heures annuelles, sous réserve de son accord écrit. Elle doit bénéficier d'un repos de 11 heures consécutives minimum.*

Depuis une dizaine d'années, ce mode d'accueil aurait perdu de sa souplesse horaire. Les assistantes maternelles imposeraient le plus souvent des créneaux horaires peu adaptés aux parents (souvent entre 9 heures et 17 heures). La difficulté de s'occuper seule de plusieurs enfants dix heures par jour à son domicile serait une des explications. Les plafonds de rémunération en seraient une autre.

Un manque de souplesse qui peut vite devenir contraignant pour les familles.

> *« Deux étudiantes en médecine se sont longtemps relayées pour aller chercher ma fille à 16 h 30 à la sortie de l'école, puis mon fils chez l'assistante maternelle à 17 heures, raconte Jeanne, marseillaise. J'ai insisté pour que celle-ci accepte de ramener mon fils à la maison pour que ma fille n'ait pas à marcher presque une*

*heure chaque soir aller-retour avec la baby-sitter. Ce n'est qu'au bout de six mois, après avoir proposé de payer double cette heure de « transport » que j'ai réussi à la convaincre. »*

D'autres cependant ont trouvé des professionnelles plus conciliantes.

*« Notre assistante maternelle accueille ma fille de 8 h 30 à 18 h 45, explique Nolwen, mère de Jules, qui habite en banlieue parisienne. Si je suis en retard ça se passe sans problème. C'est flexible dans les deux sens, je calcule large pour les horaires. »*
*« Lorsque j'ai eu besoin de partir en déplacement professionnel, l'assistante maternelle a accepté de garder mes fils la nuit, raconte Clarisse, parisienne. Elle les a même emmenés en week-end dans sa famille en Normandie. »*
*« La législation qui professionnalise les assistantes maternelles entraîne aussi plus de contraintes dans les conditions d'accueil, estime Marie-Laure Cadart, anthropologue et ancien médecin PMI. Elles en deviennent parfois inadaptées aux modes de vie des parents. Il est pourtant plus sécurisant pour un enfant de ne pas multiplier les référents, en étant confié par exemple à une baby-sitter à 17 heures parce que l'assistante maternelle a fini sa journée. Idéalement elle devrait pouvoir accueillir parfois un enfant la nuit si les contraintes professionnelles des parents le nécessitent. »*

## Combien coûte une assistante maternelle?

Le tarif horaire minimal au 1er janvier 2014 est de 2,68 € brut (2,08 € net)[1]. Les tarifs sont libres mais la CAF a fixé

1. Pour une assistante maternelle de moins de soixante-cinq ans. En Alsace-Moselle, le minimum est de 2,04 € net/heure.

un maximum au-delà duquel vous ne pouvez plus toucher d'aides financières : 47,65 € brut par jour (36,66 € net).

Les montants horaires varient selon les régions et la plus ou moins grande tension entre l'offre et la demande. De 3,50 € net à 4 € en Île-de-France et Provence-Alpes-Côte d'Azur et de 2,46 à 2,88 € dans les Pays de la Loire ou en Franche-Comté.

À ce salaire s'ajoute une indemnité d'entretien (pour couvrir l'achat de jouets, de matériel d'éveil, mais aussi le gaz, l'électricité...). Son montant minimal est de 2,98 € par journée de neuf heures – la Fédération du particulier employeur (Fepem) encourage le calcul au prorata de ces frais qui ne devraient pas être les mêmes pour deux heures ou onze heures d'accueil (elle propose 0,33 € par heure d'accueil). Si c'est l'assistante maternelle qui fournit les repas, une indemnité devra lui être versée. Ces deux indemnités ne sont pas du salaire, elles ne sont pas soumises à cotisations sociales. Si elle utilise sa voiture pour conduire les enfants s'ajoute une indemnité de déplacement.

*Votre assistante maternelle étant votre salariée, elle a droit à quarante heures de formation par an, quelle que soit son ancienneté. Cette formation est gratuite. L'employeur fait l'avance de salaire avant d'être remboursé.*

## Quelles sont les aides de la CAF ?

- Comme pour l'emploi d'une garde à domicile, la CAF vous verse une aide forfaitaire au titre du complément du libre choix de mode de garde (CMG). Son montant dépend de vos revenus et du nombre d'enfants qui sont à votre charge. Pour l'emploi d'une assistante maternelle, vous êtes exonérés de charges sociales. Certaines mairies vous versent une aide complémentaire. → p. 241.

- Selon le montant des aides, le reste à charge sera compris en moyenne entre 150 et 400 € par mois pour un plein temps.

Le Haut Conseil à la famille, une instance de réflexion pluridisciplinaire, a pointé quelques incohérences du système d'aide à la garde. Pour une famille qui gagne 1 500 € et qui fait garder son enfant cent heures par mois (donc à mi-temps), l'assistante maternelle coûte 24 € par mois, une fois prises en compte les aides et les réductions d'impôt (mais elle doit en faire l'avance). C'est presque deux fois moins cher que la crèche. Pour deux cents heures par mois (à plein temps), la crèche sera en revanche 40 % moins chère que l'assistante maternelle. Les écarts sont parfois plus importants pour les familles gagnant 3 000 €, mais ils sont moins flagrants pour les revenus plus élevés. Le Conseil demande un système plus cohérent et plus équitable d'aide unique pour uniformiser le reste à charge des familles quel que soit le mode de garde, proportionnel aux ressources des parents, mais surtout aux nombres d'heures de garde[1].

Pour calculer le reste à charge, vous pouvez effectuer des simulations sur le site www.casamape.fr (rubrique guide employeur/calculatrice). Les aides de la CAF et la déduction fiscale de 50 % sont prises en compte.

- Pour assurer des revenus réguliers à l'assistante maternelle quels que soient le nombre d'heures d'accueil par semaine et le nombre de semaines d'accueil dans l'année, le salaire doit être mensualisé (sauf si l'accueil est occasionnel). Vous trouverez une aide pour le calculer sur le site de la CAF (www.pajemploi.fr).

1. Dans un avis (à paraître) en 2014. Voir Vincent Collen, « Garde d'enfant, des disparités injustifiées », *Les Échos*, 12 décembre 2013.

## Comment sont négociés les tarifs?

Un des sujets de tension entre parents et assistantes maternelles résulte bien souvent de la fixation des prix. Ceux-ci seraient considérés par les parents comme trop élevés dans les zones où l'offre est rare. À l'inverse, dans les zones où les assistantes maternelles sont plus nombreuses, elles peinent parfois à s'assurer un revenu convenable.

*Pour noter les horaires, les heures supplémentaires, les absences, le site **www.ufnafaam.fr** propose en téléchargement une fiche de présence actualisée chaque mois (onglet infos pratiques, modèles et documents).*

Certaines contournent la législation sur les plafonds de rémunération (au-delà desquels les familles ne peuvent plus toucher les aides de la CAF) en demandant aux parents de déclarer six jours de garde au lieu de cinq. Ou bien treize heures quotidiennes au lieu de neuf. Coincés par la pénurie d'accueil, les parents acceptent. Si certains le font en connaissance de cause, d'autres signent par méconnaissance de législation. « Mon assistante maternelle m'a dit qu'elle devait être augmentée de 5 % par an. J'ai cru que c'était obligatoire. »

Pour les assistantes maternelles, ces pratiques sont une façon de compenser des salaires jugés trop bas.

> *« Dans certaines régions, les assistantes maternelles se voient délivrer des agréments partiels, pour un ou deux enfants seulement, souligne Sandra Onyszko, de l'UFNAFAAM. Parfois quand le logement est trop petit, elles n'obtiennent pas l'agrément pour le mercredi et les vacances scolaires. Avec un seul enfant, comment vivre avec 600 € par mois ? Alors elles trouvent des moyens d'augmenter leurs tarifs. Une partie de la réponse est là. ».*

Cette hausse de tarif serait également liée à une augmentation des mi-temps ou des trois quarts temps demandés par les parents.

> *« Le salaire moyen d'une assistante maternelle est de 900 €*[1] *pour une garde de trois enfants, renchérit Sandrine Dubois Lambert, secrétaire de la Fednat-Assmat. Ce chiffre dépend des départements. Dans l'Hérault, c'est plutôt 1 300 € pour trois enfants. Les assistantes maternelles ne déclarent qu'un tiers de leurs revenus (elles ne sont donc pas imposables), mais, pour valider un trimestre de retraite, elles doivent gagner 1 800 € en trois mois. Ce n'est pas toujours atteignable. Je connais des femmes qui ont exercé pendant vingt-cinq ans et dont la retraite est de 500 € par mois, au-dessous du minimum vieillesse. »*

*Imaginé par le mari d'une assistante maternelle l'application Izyboutchou permet de gérer contrat planning et feuille de paye en réseau avec son assmat :* ***www.izyboutchou.fr.***

Ce statut contribue à renforcer l'idée qu'« assistante maternelle, ce n'est pas un vrai métier ». Jusqu'au début des années 1980, celles-ci étaient d'ailleurs exclues de l'assurance chômage.

Ce besoin légitime de maintenir un équilibre économique peut cependant coexister avec des pratiques d'optimisation :

> *« Les professionnelles du secteur s'alignent les unes sur les autres, elles connaissent les tarifs que vous pratiquez, raconte une ancienne assistante maternelle en Île-de-France. Certaines font payer inté-*

1. Selon un rapport de l'Inspection générale des affaires sociales (IGAS) de 2009, le salaire des assistantes maternelles était de 700 € net en moyenne mensuelle et 815 € à plein temps. 50 % travaillent à temps partiel et ont un salaire inférieur à 555 €. À Paris et dans les Hauts-de-Seine, où l'offre est très réduite, leur niveau de rémunération mensuel moyen s'élève respectivement à 1 440 et 1 330 €. Voir Joëlle Voisin, « Développement de la garde d'enfant », rapport IGAS, 2008.

*gralement chaque heure commencée, même en cas de retard de cinq minutes des parents. Or il est possible d'appliquer un prorata. D'autres imposent des forfaits de neuf heures par jour et majorent toutes les heures au-delà, même si au total elles auront travaillé moins de quarante-cinq heures dans la semaine. D'autres encore fixent les frais d'entretien à 8 € par jour. Je travaillais dans les Hauts-de-Seine et certaines assistantes maternelles étaient à 1 000, 1 200 € par enfant. Moi j'étais à 700-800 €. En Bretagne, les assistantes maternelles gagnent entre 400 et 500 € par mois par enfant.»*

**SALAIRES HORAIRES NETS MOYENS DES ASSISTANTES MATERNELLES AU 4e TRIMESTRE 2011**

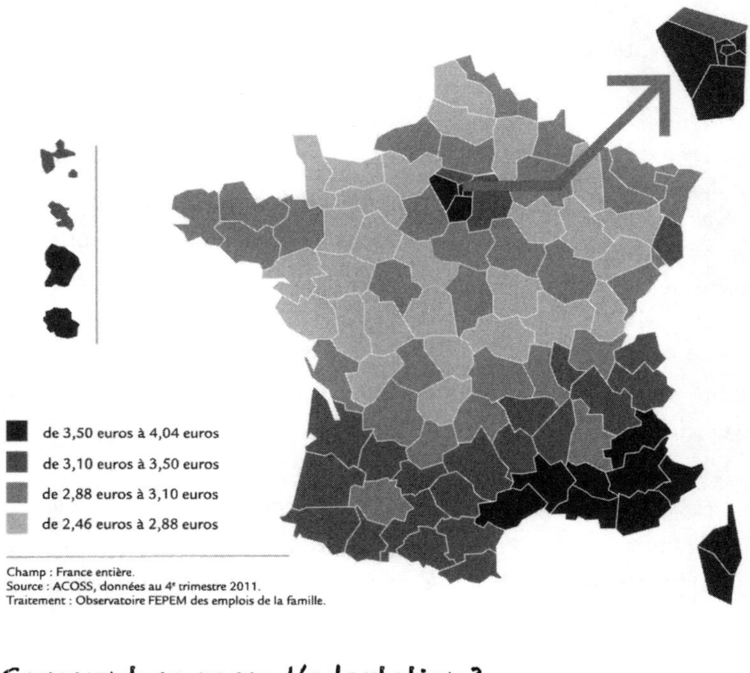


## Comment se passe l'adaptation?

Comme à la crèche, la période d'adaptation ou familiarisation dure au moins une semaine afin que l'enfant s'habitue à sa nouvelle adresse, en présence de ses parents.

> *« Le premier jour la mère vient une heure avec l'enfant, m'explique Farrah, assistante maternelle. Le deuxième jour, elle revient une heure mais c'est moi qui donne le biberon et qui change le bébé. Le troisième jour, la mère reste une demi-heure puis elle va se promener une demi-heure. Le quatrième jour, elle donne le repas et me laisse son enfant pour la sieste mais elle revient à son réveil. Ensuite on adapte en fonction des réactions du petit. Certains bébés ont besoin d'une mise en confiance plus longue, je dois reproduire le mieux possible les gestes de leurs parents. »*

## Que se passe-t-il si votre enfant est malade ?

Si vous ne confiez pas votre enfant à l'assistante maternelle pour une raison imprévue, vous devez la payer quand même.

En cas de maladie ou d'accident de l'enfant, vous devez lui fournir un certificat médical daté de son premier jour d'absence. Pour les courtes absences, elle n'est pas rémunérée, à condition que celles-ci ne dépassent pas dix jours au total dans l'année. Lorsque l'absence pour maladie ou hospitalisation dure quatorze jours consécutifs, l'assistante maternelle n'est pas rémunérée. Mais, au-delà, si elle dure plus de quatorze jours les parents doivent soit la rémunérer, soit rompre le contrat.

Encore une fois, il s'agit d'une base de négociation. L'assistante maternelle peut demander à être payée dans tous les cas si votre enfant est malade. Cela peut vous sembler un moyen acceptable d'augmenter son salaire mais ce n'est pas une obligation légale.

## Quand le contrat avec l'assistante maternelle prend-il fin?

Vous avez à tout moment un « droit de retrait » de votre enfant, pour un motif légitime : il entre à l'école, vous avez obtenu la place en crèche demandée, vous arrêtez de travailler... En revanche, si votre assistante maternelle est enceinte, ce n'est pas un motif légitime.

Si vous exercez ce droit de retrait, vous n'avez pas de justification à apporter. Les règles du licenciement ne s'appliquent pas. Vous n'avez pas à la convoquer à un entretien préalable. En revanche, vous devez la prévenir par lettre recommandée avec accusé de réception[1].

C'est à l'assistante maternelle d'apporter la preuve que le motif du retrait est illicite. Si elle y arrive, elle pourra vous demander des dommages et intérêts[2].

Le préavis est de quinze jours si elle accueille votre enfant depuis moins d'un an. Il est d'un mois si elle a plus d'ancienneté (vous pouvez la dispenser de le faire et la payer en conséquence). Si vous l'avez employée pendant au moins un an, vous devez lui verser une indemnité de rupture de 1/120 des montants nets des salaires déjà perçus (plus une indemnité compensatrice de congés payés si elle ne les a pas pris). En cas de faute grave, le retrait peut être immédiat sans indemnité.

Vous devrez lui remettre un bulletin de salaire, un certificat de travail et une attestation Pôle emploi pour qu'elle puisse toucher le chômage.

---

1. Vous trouverez un modèle de lettre sur le site www.ufnafaam.fr (onglet infos pratiques puis modèles lettres et documents).

2. Le retrait de l'enfant en conséquence d'une réclamation de salaire a été jugé illicite. De même que le retrait fondé sur la pratique d'une activité politique, syndicale ou religieuse, si elle n'est pas exagérée et n'a pas de conséquences préjudiciables sur l'enfant. Isabelle Gallay et Laurence de Percin, *Le Particulier employeur. Mode d'emploi*, Vuibert, 2008.

Votre assistante maternelle peut elle aussi mettre fin au contrat en respectant un préavis de quinze jours.

## Les principaux malentendus entre les assistantes maternelles et les parents

Beaucoup de parents choisissent l'assistante maternelle car ils n'ont pas eu de place en crèche. Comme pour l'emploi à domicile, ils se trouvent contraints de devenir employeurs, le plus souvent sans y être préparés.

C'est pourquoi, dans bien des cas, les parents laissent l'assistante maternelle s'occuper des aspects administratifs : rédaction du contrat, calcul des heures supplémentaires, mensualisation... Certaines en profitent pour imposer leurs conditions.

> *« Elles affirment par exemple que telle clause est prévue dans la convention collective, puisque le parent n'a pas regardé les textes, constate Sandra Onyszko de l'UFNAFAAM. Par exemple, le maintien du salaire si l'enfant est malade ou la majoration des jours fériés, ce que la convention ne prévoit pas. Il est tout à fait compréhensible de vouloir être payé plus le 25 décembre ou de chercher des moyens de maintenir un niveau de salaire correct, mais, dans ce cas-là, il faut le négocier en expliquant la situation. Car les parents sont dans une démarche de confiance. S'ils se sentent trahis, cela entraînera des litiges à une autre occasion. »*

La plupart des assistantes maternelles regrettent ce manque d'implication des parents, car il complique le calcul de la mensualisation (qu'ils ne prendraient pas le temps de comprendre), des heures complémentaires, des congés... Certaines ne se voient pas remettre l'attestation Pôle emploi en cas de retrait de l'enfant. D'autres se voient retirer l'enfant quand elles sont enceintes alors qu'elles ont proposé de trouver une remplaçante. Dans ce dernier cas, on voit bien combien la situation est délicate et compliquée pour l'un comme pour l'autre.

Autre source de tension pour les assistantes maternelles : la fusion de leur lieu de vie et de leur lieu de travail.

> *« L'erreur que font beaucoup de parents c'est d'arriver chez nous, de s'installer sur le canapé et de nous raconter leur journée de travail, raconte Françoise. D'autres utilisent les toilettes, entrent sans frapper, déposent directement les plats dans le frigo, demandent à prendre une douche... Le fait de travailler à domicile est l'un des paramètres les plus difficiles à gérer pour nous. D'autant plus que nous imposons ces contraintes à notre mari et à nos enfants. »*

Certaines mettent alors en place des règles strictes, mal vécues les parents...

## Les maisons d'assistantes maternelles

Créées par la loi du 9 juin 2010, les « MAM » sont un regroupement de plusieurs assistantes agréées qui s'associent pour louer un local et exercer leur métier ensemble. Début 2012, elles étaient presque 300. Aujourd'hui elles sont 1 300[1].

Les MAM ont été autorisées pour permettre aux assistantes maternelles de sortir de la solitude du travail à domicile. Celles-ci affirment être plus facilement perçues comme des professionnelles en travaillant hors de chez elle.

Par le biais d'une délégation d'autorité entre assistantes maternelles proposée aux parents, elles peuvent permettre aussi un assouplissement des horaires d'accueil.

1. D'après le site de l'association, www.anramam.org.

Justine a participé à la création d'une maison d'assistante maternelle Montessori à Annecy, début 2014.

> *« Nous sommes quatre : Delphine, une ex-sage femme, Nathalie, une éducatrice spécialisée, Valérie, une ex-attachée de communication et moi-même, ex-commerciale en reconversion. Valérie et moi avons suivi une formation pour devenir assistantes maternelles. Nous souhaitions au départ créer une microcrèche mais les normes d'hygiène étaient trop draconiennes. Nous pouvons accueillir jusqu'à seize enfants car nous avons chacune l'agrément pour quatre enfants. Nous accueillons des enfants à partir de quatorze-seize mois. Les tarifs : 36,40 € pour dix heures de garde, des frais d'entretien à 8 € pour payer le loyer du local et des frais de repas à 5 €. Nous associons les enfants à la préparation des déjeuners et des goûters avec des produits frais. Cela serait impossible à faire en crèche, compte tenu des normes d'hygiène. Nous avons deux salles de sieste, une cuisine ouverte sur la salle d'ambiance et une salle de bains. Nous appliquons la pédagogie Montessori : les activités sont pensées pour accompagner progressivement l'autonomie des enfants. Nous sommes la deuxième MAM sur Annecy. Ouverte de 8 à 18 heures, fermée le mercredi. Nous tentons de concilier, nous aussi ! »*

S'il est une réponse à l'isolement des assistantes maternelles et permet des expérimentations innovantes, le concept fait cependant débat. Le collectif Pas de bébés à la consigne avait alerté sur l'insuffisance de qualification et d'expérience de l'accueil en groupe des assistantes maternelles. « Les MAM deviennent de fait des établissements d'accueil collectif déguisé, sans avoir les qualifications requises, ni de projet d'établissement », regrette Marie-Laure Cadart, anthropologue et ancien médecin PMI. Cependant tout le monde s'accorde pour dire qu'il faut sortir les assistantes maternelles de l'isolement...

### → Pour une carte ou une liste des maisons d'assistantes maternelles ouvertes

Le site de l'association www.anramam.org et celui de la SPAMAF[1] : www.assistante-maternelle.org (rubrique Mam).

#### ET LES RAM?

Les relais d'assistantes maternelles (RAM) ont pour mission d'informer les parents et de soutenir les assistantes maternelles, par le biais d'ateliers d'éveil avec les enfants ou de la formation continue. Les assistantes maternelles ne sont cependant pas tenues d'adhérer à ces dispositifs ni de les informer de leurs disponibilités. Il en existe un peu moins de 3 000 actuellement.

## Quel avenir pour les assistantes maternelles?

Un tiers des assistantes maternelles actuellement en exercice seront à la retraite d'ici à 2020[2]. S'ajoute une importante rotation : la durée moyenne dans ce métier est de sept ans. La nouvelle convention d'objectif 2013-2017 prévoit donc la création de 100 000 postes d'assistantes maternelles, c'est-à-dire autant que de solutions d'accueil collectif.

Pourtant, leur taux de chômage est très important. « À Paris, nous avons 2 385 assistantes maternelles agréées, représentant une capacité d'accueil de 6 000 enfants, et

1. Syndicat professionnel des assistants maternels et assistants familiaux.
2. Selon la Fepem.

seulement 3 800 enfants accueillis », confirme la mairie. La situation est semblable dans d'autres grandes villes, sans qu'elles aient identifié de cause unique à cette sous-activité.

Des études[1] montrent un clivage entre les assistantes maternelles dont la position économique autorise à négocier leurs horaires et leurs conditions de travail, quitte à refuser certaines demandes, et celles qui sont obligées financièrement d'accepter un grand nombre d'enfants et des horaires élargis. Certaines sont plus exposées soit à des débordements, soit à des creux d'activité.

On se trouve par ailleurs devant un paradoxe. Si tout le monde s'accorde pour penser que les assistantes maternelles devraient être mieux formées, mieux encadrées et mieux payées, la question est de savoir qui peut en assumer le coût. 81 % des parents pensent[2] que ce mode de garde est encore trop cher. Un tiers seulement se déclarent disposés à rémunérer davantage une assistante maternelle plus qualifiée. Le risque est d'aboutir à des inégalités importantes entre les familles qui pourraient employer une personne mieux formée et mieux rémunérée, avec des conditions de travail satisfaisantes, et celles qui ne le pourraient pas.

Enfin, les assistantes maternelles sont des salariées particulières, qui doivent prendre une assurance comme un libéral. Leur parcours n'est pas professionnalisant ni valorisant.

> *« Celles qui sont diplômées repartent dans leur profession, constate Sandra Onyszko, de l'UFNAFAAM. Pour les autres, il faudrait des passages vers les métiers d'éducatrices de jeunes enfants ou auxiliaires de puériculture. L'évolution et le salaire*

1. Notamment « La "sous-activité" des assistantes maternelles : un rapport au métier différencié selon le positionnement social », *Politiques sociales et familiales*, n° 109, 2012.

2. « Des assistantes maternelles mieux formées et plus qualifiées. Les parents consentiraient-ils à augmenter la rémunération ? », *ibid.*

*sont les mêmes moteurs pour tous les salariés. Sans perspectives d'évolution, beaucoup quittent très vite la profession. »*

*« Le baromètre de reconnaissance sociale est à zéro, confirme Pierre, qui a été assistant maternel avant d'ouvrir une microcrèche à Bordeaux. Comme nous travaillons chez nous, les gens pensent que ce n'est pas un vrai métier. Pourtant, c'est très dur physiquement et très compliqué en termes de responsabilités. Quand votre bébé dort, vous ouvrez la porte de temps en temps pour l'écouter respirer. Quand ce n'est pas le vôtre, vous vérifiez toutes les dix minutes ! Au bout de huit mois, j'étais au bord du burn-out. Pourtant, je n'accueillais qu'un bébé de cinq mois en plus de mon propre fils de dix-huit mois. Vous devez être en forme, sympa, la maison nickel, cinq jours sur sept, quarante-cinq heures par semaine pour que les parents puissent vous laisser leur enfant sereinement. »*

Une meilleure formation, des parcours pour réunir accueil individuel et collectif, un accompagnement tangible par le développement de relais d'assistantes maternelles... des objectifs qui seraient à l'étude au ministère de la Famille...

## → À lire

- Isabelle Gallay et Laurence de Percin, *Le Particulier employeur. Mode d'emploi*, Vuibert, 2008.
- Julie Martory, *Qui va garder mon bébé ?*, Tourner la page, 2013.
- Pascale Guiomard, *Assistante maternelle, mode d'emploi*, Delmas Express, 2005.
- Collectif, *Lorsque les assistantes maternelles écrivent...*, Éres, collection 1001 Bébés, 2011.
- Françoise Näser, *Une vraie vie de nounou*, Philippe Duval éd., 2012.
- Jean Epstein, *Assistantes maternelles : un monde extraordinaire*, Philippe Duval éd., 2013.

9

# Une garde à domicile à plein temps

La garde à domicile est rarement un premier choix. Selon une étude[1] réalisée par la Fédération des particuliers employeurs (Fepem), sur trente parents interrogés, seuls cinq souhaitaient avoir recours à cette solution dès le départ. La plupart la choisissent par défaut, même s'ils s'en reconstruisent a posteriori une vision positive : meilleur respect du rythme de l'enfant, moins d'exposition aux maladies infantiles, aide au bon fonctionnement de la maison, plus de souplesse horaire...

*En 2011 on comptait environ 103 000 particuliers employeurs et 124 000 salariés.*

Peut-être plus que les autres solutions d'accueil, la « nounou » charrie son lot d'images d'Épinal : côté pile, c'est Mary Poppins, (« supercalifragilistic » pour les initiés), la gouvernante « pratiquement parfaite sous tous rapports », totalement dévouée à l'enchantement des enfants qui lui sont confiés. Côté face, c'est le « square », peuplé de petits sanglés dans leur poussette, pleurant d'ennui et d'impuissance.

1. Observatoire Fepem, étude réalisée entre 2011 et 2012 sur les pratiques et les représentations des parents employeurs de garde d'enfant à domicile. Entretien qualitatif sur un échantillon représentatif (30 parents).

Or, entre ces deux extrêmes, il existe bien des nuances. Quand elles se passent bien, les parents sont ravis des relations qu'ils entretiennent avec la nounou de leur enfant. Ce qu'ils percevaient au départ comme une longue suite de modalités pratiques (le recrutement, le contrat, le management...) leur offre à long terme un confort réel. À condition qu'ils s'en donnent (et qu'ils en aient...) les moyens.

Bien souvent, les parents cherchent simplement un mode de garde. Ils n'ont pas prévu de devenir employeur. Un salarié qui emploie un autre salarié est une situation bien étrange. « J'avais l'impression d'avoir deux boulots », raconte François, directeur d'un centre de loisirs, qui a expérimenté plusieurs formules de garde à domicile et partagée avant que sa fille entre à l'école. Comment trouver une personne responsable et la garder ? « Les parents doivent se professionnaliser », répondent en chœur les représentants d'employeurs et de salariés. Le recrutement ? Ça s'apprend. La bonne façon de parler avec son salarié ? Aussi.

## Un secteur bien plus pro qu'on ne l'imagine

« La Fédération est née en 1948, dans l'ombre, car à l'époque il n'était pas politiquement correct de s'occuper des employés de maison, explique Marie-Béatrice Levaux, présidente de la Fédération nationale du particulier employeur (Fepem). Ce secteur d'activité renvoyait à une vision bourgeoise caricaturale d'avant-guerre. » Petit à petit, l'emploi à domicile est sorti de la domesticité, du logé-nourri des familles aisées. Il s'est légitimé, il s'est plus ou moins démocratisé. Il a fallu néanmoins attendre 1992 pour que la première réduction fiscale à l'attention des particuliers employeurs soit votée à l'initiative de Martine

Aubry. « La Fepem est à l'origine de nombreuses avancées[1], poursuit sa présidente. Pour sortir ces emplois du travail au noir et mieux protéger les salariées (des femmes, pour la plupart...), il a fallu simplifier les démarches, solvabiliser les employeurs (via réduction fiscale et crédit d'impôt) et professionnaliser les salariés (par la formation). »

Le parcours de Marie-Béatrice Levaux ? Une maîtrise en ressources humaines, une formation en psychosociologie des organisations et un premier poste de consultante interne à la Mutualité française. Déménagement en rase campagne, dans l'Orne, à la naissance de son premier fils. Première expérience avec l'emploi à domicile : une jeune fille au pair danoise, qui lui permet de créer son cabinet de recrutement. Enceinte de son deuxième enfant, elle cherche plus de stabilité, engage une salariée qu'elle aide, en bonne DRH, à réaliser ses projets : devenir monitrice d'auto-école. Même accompagnement de la seconde nounou : « Quand mon deuxième fils est entré à l'école, je lui ai proposé une formation de bureautique. Elle faisait deux mi-temps dans une journée : le matin elle travaillait avec moi à mon cabinet, puis elle allait chercher les enfants à l'école. » À l'époque, la formation professionnelle pour les salariés à domicile n'existe pas. En 1994, elle décide d'écrire un guide sur ce qu'elle appelle « les emplois familiaux », rencontre la Fepem et s'aperçoit que la plupart des employeurs regrettent comme elle l'absence de formation. Elle décide alors de créer l'Institut de l'emploi familial, à Alençon, avec les partenaires sociaux.

« À la Direction générale du travail de l'époque, on m'a dit : "Pourquoi voulez-vous former des femmes de ménage ? Faire le ménage chez soi ou chez les autres, c'est pareil non ?"

1. Création d'une caisse de retraite pour les salariés du particulier (1973), d'une convention collective (1980), d'un accord de prévoyance obligatoire (1994), de la formation professionnelle (1996), du Cesu (2006), en dialogue avec les partenaires sociaux.

J'ai répondu : “Non, à la maison c'est un acquis culturel, chez les autres, c'est un métier, qui nécessite une compétence.” »

Aujourd'hui cet institut est devenu Ipéria, l'organe national qui porte la professionnalisation des secteurs « salariés du particulier employeur » et « assistants maternels ». « Quand j'ai commencé on me disait : “Ah c'est vous la représentante des boniches ?” J'osais parler de métiers, on me regardait de travers. »

Elle donne le chiffre de 98 % de femmes intervenant dans le secteur des emplois familiaux, le plus souvent employées par des femmes. « La Fepem n'a jamais été présidée par un homme jusqu'à aujourd'hui. En revanche, notre conseil d'administration est paritaire », s'amuse-t-elle.

### ADHÉRER À LA FEPEM

Votre salariée est souvent absente ? Elle a commis une faute ? Avant d'agir ou plutôt que de laisser la situation s'enliser, mieux vaut demander l'avis d'un juriste sur la procédure à suivre. Pour cela, vous pouvez adhérer à la Fepem qui propose une permanence juridique, une assistance pour les démarches administratives, une veille législative... L'adhésion pour avoir accès aux services coûte 12 € par an (les packs de conseils sont payants).

La Fepem compte 22 délégations régionales, y compris dans les DOM, et compte très prochainement ouvrir des « maisons des emplois de la famille », c'est-à-dire des centres accueillant salariés et employeurs souhaitant se renseigner sur l'emploi à domicile et consulter les annonces.

Pour vous renseigner, sur www.particulieremploi.fr, cliquez sur « La Fepem en région ».

## Combien coûte une auxiliaire parentale à domicile?

Employer un salarié à domicile nécessite la capacité de mobiliser une trésorerie importante en attendant les réductions d'impôts. Dans les faits, 73 % des parents bénéficiant du complément du libre choix du mode de garde pour un enfant à domicile appartiennent à la catégorie cadres et professions intellectuelles supérieures[1].

### Un effort financier important

Selon l'ACOSS, au 4e trimestre 2011[2], le salaire horaire net moyen des gardes d'enfant à domicile s'élevait à 8,28 €. Les taux horaires nets oscillent, selon les départements, entre 7,58 € (Ardennes) et 9,03 € (Corse du Sud). C'est dans l'Ouest francilien (dont Paris), dans les Alpes-Maritimes et la Corse du Sud qu'ils étaient les plus élevés (entre 8,41 et 9,03 €).

Selon vos revenus, votre nombre d'enfants à charge, le salaire de votre employée et son nombre d'heures de travail hebdomadaire, le montant à avancer chaque mois pour un plein-temps sera ainsi (après aide de la CAF) compris entre 1 300 et 2 000 € (400 et 900 € en garde partagée), avec un coût après crédit d'impôt compris entre 700 et 1 600 € mensuels (entre 200 et 500 € en garde partagée). Si vous avez plusieurs enfants, dont des grands à aller chercher à l'école, à faire déjeuner à midi ou à accompagner à leurs activités le mercredi, le calcul pour décider de recourir ou

1. F. Marical, J. Minonzio, M. Nicolas, « La PAJE améliore t-elle le choix des parents pour un mode de garde ? », *Recherche et prévisions*, n° 88, CNAF, juin 2007.

2. D'après la Fepem, rapport de la branche salariés du particulier employeur.

non à ce mode de garde doit cependant tenir compte de tous ceux qu'une salariée à plein temps remplace (baby-sitter sortie d'école, cantine, centre aéré... auxquels il faut parfois ajouter femme de ménage).

Pour les familles aux revenus modestes, il n'est donc pas possible de choisir la garde à domicile du fait de l'effort financier trop important qui l'accompagne. Le taux d'effort (c'est-à-dire le pourcentage de leur budget) d'un couple avec un revenu de deux Smic est proche de 50 % si la garde n'est pas partagée, de 15 % si elle est partagée. Il faut que la famille ait des ressources égales ou supérieures à quatre Smic, pour que le taux d'effort soit comparable, en garde partagée, à celui d'un accueil chez une assistante maternelle. → p. 138.

## → Pour une simulation des coûts

- Vous pouvez faire une simulation des coûts (charges, aides de la CAF, crédit d'impôt, niveau de qualification...) sur le site www.familiapaye.fr, en garde simple et partagée (rubrique « garde à domicile », « simulateur de coût ») et sur le site officiel www.net-particulier.fr (rubrique simulation en ligne).
- Sur le site www.paris.fr (rubrique « Parent pratique » – « petite enfance » – « Faire garder mon enfant »), vous trouverez également un logiciel de simulation des coûts (sous Open Office), ainsi qu'un tableur pour établir des bulletins de salaires.
- Si les horaires de votre nounou sont réguliers, son salaire sera annualisé. Pour l'évaluer vous trouverez un simulateur sur www.pajemploi.urssaf.fr).

*L'établissement de bulletins de salaire n'est pas obligatoire, car c'est le centre Pajemploi qui se charge de les établir et de les envoyer chaque mois à votre salariée.*

### Comment déclarer sa salariée pour toucher les aides de la CAF ?

Connectez-vous sur www.pajemploi.urssaf.fr, rubrique « Je m'informe » puis « Qui est concerné par Pajemploi ? Comment s'inscrire ? ».

En décembre 2013 a aussi été ouvert le site www.net-particulier.fr. Il regroupe tous les portails existant autour de l'emploi à domicile : PAJE (prestation d'accueil du jeune enfant), Cesu (chèque emploi service universel), Pôle emploi, Ircem, Iperia, CNAF, Fepem... Très institutionnel (difficile de faire moins fun), ce site a cependant le mérite de donner un aperçu des questions que se posent les particuliers employeurs.

## Des avantages fiscaux en baisse

Depuis quelques années le coût de l'emploi à domicile a augmenté. Le 1er janvier 2011, l'abattement de quinze points sur les cotisations patronales a été supprimé (soit une augmentation du coût de l'emploi de 2 € par heure déclarée). Au 1er janvier 2013, c'est la déclaration au forfait qui a été supprimée : elle permettait aux particuliers employeurs et à leurs salariés de payer les cotisations sociales et patronales sur la base du Smic, quel que soit le salaire net versé au salarié. Les employeurs sont désormais tenus de déclarer leur salarié sur la base du salaire réel versé. Ce qui représente un progrès social pour les salariés, mais a entraîné une hausse du coût de l'emploi.

Ces mesures ont été en partie compensées en 2012 par une déduction de 0,75 € des cotisations patronales par heure de travail rémunérée (art. 14 de la loi de financement de la Sécu). La Fepem espère obtenir son doublement à 1,50 €.

> *« Les pouvoirs politiques ne connaissent pas toujours ce secteur sur lequel plane encore l'ombre de la domesticité, explique Marie-Béatrice Levaux. Nous avons perdu 8 % d'heures déclarées entre le 1er trimestre 2012 et le 1er trimestre 2013 (environ 24 000 équivalents temps plein). Ce ne sont pas nécessairement des emplois qui ont disparu, c'est du travail gris (un peu au noir, un peu déclaré). Je n'étais pas spécialement favorable au maintien de la déclaration au forfait car donner un allégement de charges aux employeurs en diminuant les droits sociaux des salariés, ce n'est pas une politique. Mais il aurait fallu compenser la perte de ce dispositif. Moins d'emplois déclarés c'est moins de cotisations payées et une moins bonne protection pour les salariés à domicile. »*

**QUELLE ASSURANCE POUR UNE SALARIÉE À DOMICILE ?**

Demandez à votre assurance habitation une extension de garantie « garde à titre onéreux d'enfants » qui couvrira les éventuels dommages que la personne que vous employez pourrait causer aux enfants ou à vos biens (20 € par an en moyenne).

## Recruter une auxiliaire parentale

### Où la trouver ?

*Les jours qui suivront le dépôt d'une annonce, attendez-vous à recevoir beaucoup d'appels !*

Pour recruter près de chez vous, une nounou à domicile vous pouvez vous adresser à Pole emploi, et consulter les petites annonces déposées chez les commerçants du quartier, à la mairie ou à l'école. Vous pouvez également déposer vous-même une petite annonce.

### → Des sites pour déposer une petite annonce

- www.particulieremploi.fr. C'est le site de mise en relation de la Fepem. Les salariés ayant suivi une formation sont signalés par une petite icône.
- www.pole-emploi.fr. Vous pouvez créer un espace recrutement sur le site de l'agence pour l'emploi.
- Certaines mairies (de ville ou d'arrondissement) mettent en place des sites d'annonces locaux, par exemple https://lestribus.paris.fr à Paris.
- Les sites d'annonces privés comme www.bebe-nounou.com, www.bebe-annonces.com, www.cotebebe.fr, www.cnikel.com...

→ p. 209.

## Les agences

Boîte vocale qui explose, candidates qui ne se présentent pas au rendez-vous, références bidons... recruter sérieusement prend énormément de temps. Et, quand on est jeunes parents, il s'agit parfois de sélectionner des candidates qui en savent plus que nous sur la diversification alimentaire ou les bons réflexes en cas de fièvre. C'est pourquoi certains choisissent de déléguer le recrutement à une agence.

Ces agences dites de « services à la personne » se sont beaucoup développées ces dernières années sous l'impulsion du « plan Borloo » de 2005. Elles sont portées par de grosses niches fiscales. Il en existe deux sortes : les mandataires et les prestataires.

**Les mandataires** vous présentent des candidat(e)s qu'ils auront présélectionné(e)s. Au terme du recrutement, c'est vous qui serez employeur direct du salarié. Cette sélection coûte en moyenne 800 €, que vous payerez en une fois ou par abonnement mensuel. Bien souvent ce prix comprend la gestion des feuilles de paie et l'accompagnement dans les démarches administratives[1]. Certains vous proposent également de vous trouver une remplaçante en cas de défaillance de votre garde habituelle.

*Attention :*
*Les frais d'agence (en mode mandataire ou prestataire) sont souvent annoncés avant et après crédit d'impôt de 50 %. Or ce crédit d'impôt est plafonné autour de 12 000 € de dépenses. Si vous employez une salariée à plein temps, vous atteindrez peut-être ces plafonds. Les sommes versées en plus du salaire de la nounou à des organismes vous coûteront alors 100 % et pas 50 %.*

**Les prestataires** aussi sélectionnent des candidates. Mais vous n'en serez pas l'employeur direct. La nounou sera rémunérée par la société qui vous vend des heures de service. L'avantage est que vous n'avez aucune formalité d'employeur à prendre en charge et aucun engagement sur la durée. Vous pouvez mettre fin à la mission sans devoir licencier votre salarié. La société gère également le remplacement des absences (même si en pratique ce n'est pas si simple que ça). Tout cela a un coût, en moyenne entre 19 et 25 € de l'heure, selon l'âge de l'enfant et la spécificité du service. Ce mode prestataire est plus souvent utilisé pour un temps partiel, une sortie de crèche ou une sortie d'école car il est beaucoup plus cher qu'un emploi direct pour un plein temps. ➾ p. 215.

Un organisme qui souhaite offrir des prestations à destination des moins de trois ans doit préalablement obtenir un agrément, après avis du conseil général, sorte d'autorisation préalable[2]. 4 594 sociétés sont agréées en France pour la garde des moins de trois ans.

---

1. Ce qui n'est pas toujours indispensable car les démarches sont quand même beaucoup plus simples depuis 2004.

2. Subordonnée à des vérifications administratives (dont le casier judiciaire des dirigeants) et au respect d'un cahier des charges sur les conditions d'emploi du personnel, les modalités d'information des clients, les qualifi-

Ces sociétés peuvent prendre la forme d'une association ou d'une entreprise. Certaines proposent les deux formules (mandataire et prestataire) et doivent normalement vous orienter vers celle qui sera la plus avantageuse pour vous en fonction du nombre d'heures de garde dont vous avez besoin.

## Comment bien choisir une agence?

Toutes les agences ne travaillent pas avec le même sérieux ni avec les mêmes critères d'exigence. Certaines sociétés peuvent ainsi se contenter qu'une candidate soit « en formation » et vous envoyer une jeune fille qui vient de s'inscrire au CAP petite enfance par correspondance. Pourquoi pas? Mais on ne peut pas dire qu'elle est vraiment « qualifiée ». Il arrive parfois que les candidates n'aient rempli qu'une petite fiche sur un coin de table[1] et qu'en guise de formation, elles n'aient bénéficié que d'un stage de quelques heures organisé par l'agence. Demandez au téléphone quels sont les critères de recrutement en termes d'expérience préalable et de formation. Reportez-vous à la procédure décrite par Jeanne. Autre exemple, l'agence ABC puériculture, avec laquelle la

---

cations ou expériences professionnelles des salariés. La procédure doit être renouvelée tous les cinq ans. Dans cet intervalle, l'administration peut être amenée à diligenter des contrôles afin de vérifier la conformité au cahier des charges, tout comme l'Inspection du travail. En cas de manquement et après procédure contradictoire, la sanction peut aller jusqu'au retrait de l'agrément. Cependant, impossible d'avoir les chiffres de ces contrôles. Les organismes sont incités à se faire certifier par une société privée, ce qui permet alors un renouvellement quasi automatique de l'agrément... 622 organismes de garde d'enfants de moins de trois ans et 809 de garde d'enfants de plus de trois ans sont certifiés. Source : DGCIS.

1. Voir à cet égard le test en caméra cachée réalisé dans une agence par les journalistes de Teva dans le reportage « Qui va garder bébé ? » diffusé en septembre 2013.

Ville de Paris a conclu un partenariat[1], vérifie l'expérience et les références des candidates, leur fait passer des tests écrits, suivis d'entretiens avec une éducatrice de jeunes enfants et avec une psychologue. Cette agence organise une visite à domicile par mois par une éducatrice de jeunes enfants ainsi qu'une demi-journée de formation par mois pour la salariée. L'agence Aritas[2] a également son propre organisme de formation certifié. « La formation est un des outils les plus efficaces pour un suivi de qualité du travail, explique Daniela Urda, sa fondatrice. Il permet d'adapter à tout moment les prestations aux besoins des familles : sécurité quand l'enfant commence à marcher, alimentation quand elle se diversifie, éveil adapté à son âge, aide aux devoirs quand les plus grands sont à l'école, etc. Nous formons également les salariées à la relation avec les parents. » Via cette association, même les baby-sitters sorties d'école sont formées !

*La proximité est une demande fréquente des parents qui craignent les jours de grève. On vous recommande souvent de choisir une nounou qui habite près de chez vous. Or dans les grandes villes, les prix des loyers sont tels que cette demande tient du fantasme !*

Renseignez-vous sur les procédures de recrutement pratiquées, promenez-vous sur les forums pour consulter des avis de parents. Demandez comment sont formés les intervenants et par qui cette formation a été validée ? Est-ce une formation qui donne un titre reconnu par la branche des salariés du particulier employeur ? Rappelez-vous que le travail de ces agences n'est pas de trouver quelqu'un, mais quelqu'un de bien ! Oui, désolée, il faut aussi savoir recruter le recruteur !

---

1. www.abcpuericulture.com. Paris a également conclu un partenariat avec la Fondation de la croix Saint-Simon : www.croix-saint-simon.org, qui a mis en place un relais d'auxiliaires parentales.

2. www.aritasgroupe.fr.

## ... TÉMOIGNAGE D'UNE CHASSEUSE DE TÊTES DE NOUNOUS

*Ancienne responsable marketing, Jeanne Coignard a créé son agence Les Enfants de Jeanne en 2006, après s'être trouvée confrontée après la naissance de son fils à la grande chasse aux modes de garde. Le principe ? Jeanne présente aux parents jusqu'à dix candidates dont le profil correspond à leurs besoins. Elle trouve les candidates mais ce sont les parents qui emploient l'heureuse élue. Certaines familles font appel à ses services à plusieurs pour une garde partagée. Jeanne revendique ne valider qu'une candidature sur trente. Difficile de vérifier ce chiffre. Cependant, Les Enfants de Jeanne est une petite agence. De sa réputation, à la fois auprès des parents et des candidates, dépend sa longévité. J'ai choisi son témoignage car ce qu'elle m'a confié de sa procédure de sélection décrit ce qu'on serait en droit d'attendre d'une agence qui fait payer aux parents le recrutement des candidates*[1].

**Quand une famille peut-elle faire appel à vos services?**

Pour une demande simple, avec des horaires classiques, je peux trouver des candidates en une semaine. En revanche, si les horaires sont plus atypiques, très amples, avec une grosse fratrie, c'est plus long. Dans tous les cas, l'idéal est d'initier sa recherche au moins deux mois avant la reprise du travail.

**Quel est votre processus de recrutement?**

Pour obtenir un premier rendez-vous, les candidates doivent avoir au minimum trois ans d'expérience ou un diplôme petite enfance. Nous recevons les candidates deux fois, entre une heure et une heure trente. Lors de la première rencontre, nous validons leur parcours professionnel, nous vérifions, documents à l'appui, que leur récit paraît juste. Nous pouvons nous permettre de ne pas être « sympa », ce

1. Vous pouvez en avoir un aperçu sur son site, dans un extrait du reportage déjà cité de Teva, « Qui va garder bébé ? ».

qui est très délicat pour une famille futur employeur, qui a du mal à dire : « Madame, donnez-moi s'il vous plaît vos papiers d'identité, nous allons faire ensemble une demande d'extrait de casier judiciaire, j'ai besoin des justificatifs de vos emplois précédents, je veux les numéros de téléphone de vos derniers employeurs... » C'est pourtant indispensable. Nous validons leur parcours professionnel, leurs connaissances de la petite enfance à travers un questionnaire (santé, hygiène, nutrition, éveil) que j'ai développé avec des directrices de crèches, des formatrices en prévention et une pédopsy : Comment couche-t-on le bébé ? Que prenez-vous pour une sortie au parc au mois de juin avec un enfant de seize mois ? Que préparez-vous à manger pour un enfant de douze mois ? Comment réagissez-vous si un enfant de un à trois ans en mord un autre ? Comment réconfortez-vous des parents inquiets ? etc. Nous interrogeons leurs motivations car c'est un métier difficile, il faut un minimum d'intérêt. Puis nous vérifions tout : les papiers, la validité du titre de séjour (en en envoyant une copie à la préfecture), l'extrait de casier judiciaire, les références... Je sais où les anciens employeurs habitent, les heures de travail, j'ai des détails qui me permettent de creuser, de tendre des pièges en cas de doute.

**Que se passe-t-il lors du deuxième entretien ?**

Les candidates retenues reviennent en rendez-vous de groupe. Nous validons leur ponctualité, la façon dont elles interagissent avec nous. Nous leur donnons à lire notre charte de fonctionnement et nous en parlons avec elles. Selon cette charte, une salariée embauchée par une famille s'engage à nous appeler tous les six mois. Nous lui conseillons de prendre une assurance professionnelle, nous passons du temps sur la convention collective nationale des salariés du particulier employeur pour nous assurer qu'elles sont au fait de leurs droits et de leurs devoirs. Certaines la connaissent

par cœur, d'autres pas du tout. Nous attirons par exemple leur attention sur les heures de présence responsable, qui sont légales en garde simple. Une nounou n'est pas là pour faire le ménage (sauf celui des enfants), mais beaucoup de parents le demandent. Parfois cela arrange tout le monde. La salariée payée en plus et les parents. Tout dépend de la configuration du poste, du nombre d'enfants à garder, de leurs âges. Parfois elle n'aura pas le temps de faire les deux. Il est important que les tâches demandées soient explicites, écrites dans le contrat avec une rémunération adaptée (en heures de
→ p. 167.
présence responsable en moins). Comme il s'agit d'un travail à domicile, les parents peuvent être tentés de lui demander au débotté des petits services, de repasser pendant la sieste. C'est le début des problèmes. L'important, c'est d'être cadré et clair, si possible dès le départ, sur ce qu'on attend d'elle.

**Combien de candidates présentez-vous aux parents?**

Je peux contractuellement présenter jusqu'à dix candidates. En général, les familles font leur choix après trois ou quatre entretiens. Je les aide dans les démarches administratives, pour remplir le dossier de la PAJE, je leur présente un contrat type validé par un avocat. Le salaire est déterminé par eux en fonction de la charge de travail et de l'expérience de la salariée. J'ai avec chaque nounou au minimum deux entretiens dans l'année. Je ne m'immisce pas dans les relations employeur-salariée mais je peux donner des conseils. Nous insistons auprès de chacun: «Si vous voulez qu'elle reste (si vous voulez rester) il faut parler.» Avec, avant tout, deux règles. La première c'est qu'on ne parle pas sous le coup de la colère ou de l'agacement. Il vaut mieux ravaler son exaspération pendant quelques jours et réfléchir à la meilleure façon d'en parler. La deuxième règle c'est de tout baliser en amont dans le contrat. Plus un employeur sait ce qu'il veut, plus il est précis dans ses demandes, moins les problèmes se présentent.

## Se mettre dans la peau d'un employeur

Cela peut paraître très compliqué d'embaucher un salarié et certains parents souhaiteraient qu'un service public national soit créé qui s'occupe de toutes les formalités.

> *« C'est irréaliste ! répond Marie-Béatrice Levaux, la présidente de la Fepem. Le principe de réalité, c'est de se dire : "Il est possible que je n'aie pas de place en crèche, il est possible que je ne trouve pas d'assistante maternelle non plus et que je doive embaucher une garde d'enfant à domicile. Mon comportement déterminera la façon dont les candidats se positionneront, il permettra ou non à ces métiers d'être valorisés, ce qui donnera envie à des salariés compétents de les occuper." Ceux qui managent avec soin une équipe dans leur vie professionnelle prêtent parfois moins d'attention à la qualité de l'emploi qu'ils mettent en place chez eux. Or pour avoir de bonnes relations avec la nounou de ses enfants, mieux vaut investir un peu le sujet. Être parent employeur, c'est assumer un rôle mais c'est aussi avoir beaucoup de retours positifs lorsque la relation s'installe dans la confiance. Quand il est réussi c'est quand même le mode de garde le plus souple et le plus confortable. »*

Investir le sujet, d'accord, mais par quoi commencer quand on n'y connaît rien ? Comment préparer son recrutement ? mener un entretien d'embauche ? rédiger un contrat ? accompagner son salarié au quotidien ?

Voici donc douze conseils prodigués par la présidente de la Fepem.

### 1. Anticiper

*« Les particuliers rencontrent des candidats à la hauteur de ce qu'ils préparent. »*

- Vous allez avoir un bébé ? Vous n'avez pas envie de penser à la solution de garde :

avouez-le ! Comment imaginer vous séparer de cet enfant qui n'est même pas encore né ? Pourtant, défricher le terrain avant l'accouchement est la seule façon d'éviter de vous trouver fort dépourvue lorsque la fin du congé sera venue. Nombreux sont les parents qui attendent la réponse de la crèche avant d'envisager des alternatives. Quitte à devoir adopter dans l'urgence la solution de « dernier recours », vécue comme subie.

- Être employeur s'apprend. Plus vous resterez dans le flou concernant le fonctionnement de l'emploi à domicile, plus ça vous paraîtra compliqué. Le mieux est de commencer à vous former pendant le congé maternité. Comment ? En lisant un livre consacré aux aspects techniques et financiers (voir ci-dessous). Et/ou en lisant la convention collective des salariés du particulier employeur. En parlant autour de vous de votre recherche (le bouche-à-oreille fonctionne toujours bien). En commençant à consulter les annonces de garde partagées déposées par d'autres familles.

## 2. Formuler ses besoins par écrit

*« Qu'est-ce qui est non négociable pour vous ? »*

- Asseyez-vous un soir avec votre conjoint. Prenez une feuille et faites la liste de ce que vous voulez et de ce que vous ne voulez pas. Vous avez le fantasme de la nounou parfaite ? Cet idéal n'existe pas. Jamais, quel que soit le recrutement, ni en entreprise ni ailleurs. Vous allez donc devoir faire des compromis. Lors de l'entretien avec des candidats, cela vous aidera beaucoup d'avoir tranché sur ce que vous accepterez ou non de lâcher. Êtes-vous prêt au compromis sur les horaires ? Sont-ils au contraire non négociables ? Si vous savez que vous rentrerez tous les soirs à 19 heures, inutile de signer un contrat jusqu'à 18 h 30 pour passer votre temps à vous excuser d'être en retard. D'accord, cette candidate est formidable, mais c'est non !

- Faire ce travail de mise par écrit de vos besoins vous obligera à réfléchir à l'organisation de la famille. Pouvez-vous arranger votre vie pour être là le soir à 18 h 30, oui ou non ? Qui rentrera et quand ? Qui pourra rester un peu plus tard le matin pour décaler les heures de la nounou vers la soirée ? Dans tous les cas, précisez les horaires de votre salariée dans le contrat de travail. Plus vous savez ce que vous cherchez, plus vous avez de chances de le trouver[1].

## 3. Préparer l'entretien

*« Si on n'est pas DRH, il faut être pratique. »*

- Avant le rendez-vous, préparez une grille de questions : « Vous avez répondu à mon annonce, pourquoi ? Est-ce que vous avez déjà travaillé auprès d'enfants dans une famille ? Quand ? Combien de temps ? Comment ça s'est passé ? Est-ce que vous avez des références ? Est-ce que vous avez suivi une formation ? Combien étiez-vous payée ? Quelles activités proposez-vous à un bébé de neuf mois ? Il pleure, que faites-vous ? Comment réagissez-vous en cas de désobéissance ? Un enfant se coupe, se brûle, s'assomme... que faites-vous ? Il est chaud, que faire ? Comment s'appelle le produit qu'on met dans le nez des bébés ? Par quels aliments commence-t-on une diversification alimentaire ? Comment prépare-t-on un biberon pour un bébé de trois mois ? À quelle température doit-être le bain ? » Etc.

1. Une liste d'emplois repères (baby-sitter, garde d'enfant...) et de compétences associées sera bientôt jointe à la convention collective du particulier employeur, avec le niveau de rémunération, de classification.

- Le premier contact au téléphone permet d'opérer une première sélection : comment la personne se positionne-t-elle ? Vous comprend-elle ? Faites un mini-entretien en lui demandant son âge, où elle habite, son expérience, si elle fume, quels horaires elle peut effectuer, la base de salaire à négocier, les tâches ménagères qu'elle serait prête à prendre en charge, les coordonnées de ses anciens employeurs... Demandez-lui de venir avec tous les papiers utiles : CV, lettres de recommandation, papiers d'identité, carte Vitale...
- En fonction de vos besoins, demandez-lui si elle accepterait de faire quelques tâches ménagères pendant la sieste du bébé. Dans ce cas, il s'agira d'une prestation complémentaire, rémunérée en plus (et donc supprimant du contrat les heures de « présence responsable », c'est-à-dire les heures où le bébé fait la sieste, qui ne sont payées que quarante minutes sur soixante). Car légalement la nounou n'est tenue que de l'entretien de l'espace des enfants (chambre, linge...).

## 4. Laisser parler la candidate

*« Les parents en disent trop, trop vite ! »*

- La première erreur des parents, légitimement focalisés qu'ils sont sur le bien-être de leur enfant, c'est de parler tout le temps. Cela permet à la candidate de ne répondre que par oui ou non et finalement d'acquiescer à ce qu'ils disent. Un excellent moyen pour elle de se caler sur leurs attentes.
- La première règle en entretien de recrutement est de faire parler l'autre. Votre rôle est de poser les questions que vous avez préparées pendant toute la première partie de l'entretien.
- Même si la candidate a travaillé avec de bons copains à vous, il faut tout recommencer. Car ce qu'elle a réussi

avec eux ne s'appliquera pas nécessairement à vous de la même façon. Même chose si elle est la sœur d'une personne de confiance ou qu'on vous l'a recommandée. Vérifiez par vous-même.

## 5. Ne pas perdre de temps

*« Si, au bout d'un quart d'heure, vous n'avez aucune réponse, arrêtez l'entretien. »*

- Dites : « Je suis ravie d'avoir fait votre connaissance, j'ai les éléments dont j'avais besoin, je vois d'autres personnes, je vous tiens au courant... »
- De même si la candidate n'est pas en mesure de vous présenter des papiers permettant de travailler en France. Répondez : « Je suis ravie d'avoir fait votre connaissance mais présentez-moi d'abord des papiers conformes au travail en France et ensuite seulement nous pourrons continuer. » « C'est illégal de recruter un salarié sans papiers, insiste Marie-Béatrice Levaux. On me dit souvent : "Je n'ai pas eu le choix." Je n'y crois pas trop. C'est parce qu'on n'a pas eu le temps d'avoir le choix. D'où l'importance de l'anticipation. »
- Si certains parents sont dans le flicage extrême, d'autres n'osent rien demander. Or ne pas poser certaines questions tout de suite, c'est faire le recrutement à l'envers. Tout ce qui n'a pas été demandé avant sera perçu comme de la méfiance après...

## 6. Fixer des missions précises

*« Elle a besoin de savoir ce que vous attendez d'elle. »*

- Dans le deuxième temps de l'entretien, exprimez vos besoins en vérifiant qu'ils sont négociables avec la candidate.

- Faites le point sur vos attentes en matière d'éducation. Demander des « qualités maternelles » peu explicitées, c'est très vague. À cet égard, attention au transfert sur une salariée un peu plus âgée : « Elle ressemble à ma mère, ça devrait bien se passer. »
- Mettez en place un programme type sur une journée ou une semaine (parc, repas, sieste, bains, devoirs, sorties...).

## 7. Signer un contrat écrit

- Il peut s'agir d'un CDI à temps partiel ou à temps complet.
- Il doit prévoir notamment :
  - la nature de l'emploi et le niveau de qualification du salarié ;
  - la durée hebdomadaire de présence et les horaires de travail. Avec des enfants petits, la durée du travail peut se décomposer en heures de travail effectif et en heures de présence responsable, qui correspondent aux heures de sieste de l'enfant pendant lesquelles le salarié peut utiliser son temps pour lui tout en restant vigilant. Une heure de présence responsable correspond à deux tiers d'heure de travail effectif (par exemple 12 heures de présence responsable = 8 heures de travail effectif) ;
  - les heures supplémentaires et leur mode de rémunération (paiement ou récupération) ;
  - le repos hebdomadaire ;
  - les clauses particulières éventuelles (ne pas fumer en présence des enfants, ne pas déléguer sa mission de surveillance, ne recevoir aucune visite personnelle, ne pas utiliser le téléphone...).
- Vous trouverez un modèle de contrat sur le site de Pajemploi, rubrique « emploi à domicile » puis « je recrute » (www.pajemploi.urssaf.fr). Un modèle moins détaillé est

annexé à la convention collective du particulier employeur (à télécharger gratuitement sur le site de la Fepem, rubrique « convention collective nationale » ou sur le site www.mon-enfant.fr de la CAF).

## 8. Prévoir une période d'essai

*« L'idéal est d'intégrer votre salariée à son poste en étant présent. »*

- La période d'essai n'est pas obligatoire mais elle est indispensable... Pendant sa durée, chacun peut rompre le contrat sans préavis ni indemnité. Elle peut être d'un mois maximum (renouvelable une fois, si le salarié en est averti par écrit avant la fin de la première période) et doit être prévue au contrat de travail.
- Pendant sa durée (et après !), rien ne vous interdit de rentrer régulièrement un peu plus tôt par surprise. Vous aurez un aperçu de l'« ambiance » qui règne à la maison. Si vous trouvez la nounou en train de téléphoner sur le balcon, une cigarette et un verre de vodka à la main pendant que votre fils hurle dans son berceau toutes lumières éteintes, vous aurez un petit aperçu de la teneur de leurs relations. Vous avez un devoir de surveillance.
- Soyez attentif à la façon dont votre enfant réagit quand elle arrive le matin. Ce premier accueil est un indicateur important de son feeling à lui. Quand vous partirez, il pleurera peut-être. Mais si vous écoutez derrière la porte, cela devrait durer trente secondes en moyenne.
- Faites des points régulièrement avec votre salariée : comment ça se passe pour elle ? De quelles informations manque-t-elle ? Respecte-t-elle vos consignes ?
- Si possible, intégrez-la à son poste alors que vous êtes encore à la maison.

*« On peut tout à fait prévoir de faire commencer le contrat une semaine ou quinze jours avant la fin du congé maternité, conseille Marie-Béatrice Levaux. Vous sortez faire des courses, vous revenez, vous les laissez un peu ensemble, tout le monde s'habitue gentiment. Elle s'intègre, votre bébé s'adapte. Par ailleurs, si votre salariée n'a jamais été formée, pourquoi ne pas l'envoyer en formation en faisant commencer son contrat une semaine plus tôt ? En choisissant par exemple le module "L'enfant de 0 à 3 ans", d'une durée de quarante heures. La formation est gratuite. »*

➔ p. 175.

Concrètement : vous reprenez le travail le 1er septembre ? Faites commencer le contrat de travail le 15 août, cohabitez pendant une semaine et formez votre salariée pendant une autre semaine. C'est moins stressant (pour elle, pour vous) que si elle commence le jour de votre reprise du travail ! En entreprise on ne vous lâche pas le premier jour devant des situations complexes...

## 9. Professionnaliser vos rapports

*« Un salarié a besoin que son employeur le guide. »*

- Expliquez-lui les règles du jeu : dites ce que vous ne permettez pas, ce que vous n'approuvez pas (par exemple, la façon dont elle appelle votre enfant) et expliquez pourquoi. Tout ce qui est dit au début de la mission est acquis. Ne laissez pas les rôles s'inverser en vous adaptant à ses habitudes. Même si elle a fait différemment avec ses propres enfants, c'est votre façon de faire qu'elle doit respecter.
- Faites le point sur quelques principes : vous êtes la seule personne habilitée à lui donner des consignes, elle ne doit jamais laisser votre enfant sous la garde de quelqu'un d'autre, même familier, elle ne doit jamais lever la main

sur votre enfant, elle ne doit pas le punir sans vous en informer, elle ne doit pas lui faire regarder les feuilletons qu'elle aime ou les infos, ni en règle générale le mettre devant la télé si vous avez dit que vous ne vouliez pas...

- Dites aussi ce que vous appréciez, pour ne pas brider ses initiatives.
- Donnez-lui des points de repère. Que doit-elle faire si vos beaux-parents arrivent à l'improviste ? ou votre ex-mari lorsque vous êtes séparés ?
- Préparez un petit classeur de bord avec les informations importantes : nom des membres de la famille, personnes à joindre si vous n'êtes pas disponible, numéros d'urgence (Samu, centre antipoison...), adresse de la bibliothèque, du square, du pédiatre, objets à ne pas oublier (doudou, tétine...), préférences (livres, jouets, plats, peluches...). Les premiers jours, vous échangerez tellement d'informations qu'il sera difficile de tout retenir.
- Faites avec elle le tour de la maison et montrez-lui les endroits dangereux. Vérifiez qu'elle connaît les bons gestes en cas de bosses ou de plus gros bobos (coupures, brûlures...). Rappelez-lui qu'on ne laisse jamais un enfant seul sur la table à langer ou dans le bain, même quelques secondes.
- Prévoyez un carnet de liaison dans lequel elle écrira rapidement ce qui s'est passé dans la journée : « Il a bien mangé, il a fait une sieste de deux heures, on a rencontré la mère de Joey au Square, elle veut l'inviter jeudi, on va bientôt manquer de couches, etc. » Car le soir, quand vous arrivez, elle a envie de partir ! Le matin, vous pourrez vous aussi y noter les informations importantes pour la journée.

## 10. Être réglo

> *« Déclarez-la à l'Urssaf, payez-la en temps et en heure, prévenez quand vous êtes en retard, consultez-la pour les vacances... »*

- Gardez en tête ce que vous attendez de votre employeur, si vous en avez un. Déclarez-la, inscrivez-la à la médecine du travail, rémunérez-la dès la fin du mois, soyez équitable sur le décompte des heures supplémentaires (au-delà de quarante heures hebdomadaires[1]), prévenez-la en cas de retard, anticipez les congés, les changements de planning : « L'année dernière nous étions partis en août, nous pensons partir en juillet cette année, est-ce que cela vous pose un problème ? », « La semaine prochaine je serai là mercredi, ok pour vous ? ».
- Lorsque vous modifiez une situation contractuelle, faites un avenant au contrat de travail. « J'ai changé de travail, donc mes horaires vont être modifiés, est-ce que vous êtes d'accord pour changer les vôtres ? » Si oui, faites un avenant au contrat. Si non, c'est un motif légal de rupture du contrat.
- « Je suis réservée au sujet des petits cadeaux, précise Marie-Béatrice Levaux. Donner une prime de temps en temps, pourquoi pas ? Mettre un petit bouquet ou une fleur sur la table le matin de son anniversaire, car on en connaît la date à force de remplir la PAJE tous les mois, cela fait partie des petits gestes qui montrent qu'on la regarde en dehors de notre enfant. À condition de rester dans le raisonnable. »

---

1. Elles donneront lieu – en rémunération ou en récupération – à une majoration de 25 % (pour les huit premières heures) ou de 50 % (pour les heures supplémentaires au-delà de huit heures).

- Votre salariée fait des petits gestes elle aussi. Elle aura peut-être nettoyé un truc, rangé un placard. Un petit mot, sur la table : « Merci. » « Parfois les parents considèrent que tout est un dû car ce mode de garde leur coûte cher ou que ce n'est pas celui qu'ils auraient choisi », regrette Marie-Béatrice Levaux. → p. 151.
- Vérifier que votre rémunération est conforme aux minima salariaux de la branche des salariés du particulier employeur.

## 11. Trouver la bonne distance

*« Votre salariée n'attend pas de vous que vous soyez "sympa" mais que vous soyez à votre place d'employeur. »*

- « J'ai toujours vouvoyé, même une jeune fille de dix-neuf ans, car je me suis rendu compte que cette distance la mettait à l'aise autant que moi », raconte Marie-Béatrice Levaux. Chacun sa formule. Ne pas être familier ne signifie pas être glacial ou distant. Il est même important de prendre un café dans la cuisine de temps en temps avec elle, non pas pour parler de votre enfant (il a bien dormi ? il a bien mangé ?) mais d'elle. Elle a besoin d'être motivée, comme vous dans votre travail. Intéressez-vous à sa carrière, pas seulement à travers votre enfant.

## 12. Parler

- Faites le point régulièrement. Votre salariée attend que vous preniez son travail en considération. Quand c'est bien, dites-le. Soyez ferme sur les choses importantes mais ne relevez pas toutes les petites imperfections. Acceptez l'idée de ne pas tout contrôler.
- Rappeler les limites. Si, par exemple, elle n'est pas sortie depuis deux jours alors que vous aviez prévu une promenade

quotidienne, demandez-lui pourquoi. C'est souvent ce que les parents ont le plus de mal à faire. C'est pourtant le seul moyen de ne pas accumuler les non-dits et les tensions...

- Aidez-la dans sa mission. Que pouvez-vous faire ensemble pour accompagner l'enfant qui commence à marcher ? à parler ? Donnez-lui l'adresse des médiathèques, ludothèques, lieux d'accueil parents enfants (de type maisons vertes), relais accueil parents (RAP) qui organisent régulièrement des activités. Vous en trouverez la liste sur le site de la CAF, www.mon-enfant.fr. C'est très important de lui trouver des relais car une des difficultés de ce métier est qu'il s'exerce dans la solitude.

## Garder une relation équilibrée

Pour être tout à fait honnête, la première fois que Marie-Béatrice Levaux m'a parlé de professionnalisation lors d'une interview voilà quelques années, j'ai pensé que c'était un truc de « control freaks » : seuls les parents obsessionnels mettraient en œuvre une procédure aussi rigoureuse. Et puis j'ai compris. Sans cette rigueur, sans un minimum d'investissement et d'exigences, la relation est bancale. « Impossible pour moi de donner des consignes à ma salariée, raconte Camille. Je n'assumais pas le rôle du patron. J'avais peur que cela crée des tensions entre elle et ma fille. »

*Selon la Fepem, les conflits se concentrent autour des horaires : rémunération pour le temps réel effectué, heures supplémentaires non payées, congés payés mal calculés... Les comptes non soldés émergeraient le plus souvent au moment de la rupture du contrat, lors de l'entrée de l'enfant en maternelle.*

Et si c'était l'inverse ? Si c'était le manque de consignes et les non-dits qui créaient le plus de tensions ? « J'ai fait beaucoup de baby-sittings quand j'étais jeune, j'ai été témoin d'abus et je m'étais toujours promis d'être l'employeur modèle si un jour la situation s'inversait. Jusqu'à ne pas réussir à mettre des limites... », admet Charlotte. « J'ai laissé la nounou me voler des petites choses pendant plusieurs mois. Puis j'ai appris qu'elle confiait mon fils de deux ans à la garde de ma fille de six ans pour aller boire des cafés avec son mari... », se souvient Julie.

Confier son enfant, c'est difficile.

> *« Ce qu'on désigne couramment comme une rivalité entre la mère et la personne qui s'occupe de l'enfant est pour moi un face-à-face des fragilités des places et des confiances en soi, nuance la psychanalyste Sylviane Giampino. La séparation fragilise la mère plus ou moins durablement dans sa place de parent et la nounou est dans un statut fragile de dépendance financière à l'employeur et de professionnalisation mal reconnue. Les adultes ne font pas assez confiance au fait que l'enfant ne s'y trompe jamais dans la différence entre le lien de filiation et l'attachement dans une relation de partage et de soin. »*

Lorsque la relation s'enlise, les parents ont bien souvent attendu pour être « sûrs » ou ne pas se fâcher avec leur salariée. Parfois c'est trop angoissant, ils ne veulent rien savoir.

> *« Le fils de mes voisins du dessus a dix-huit mois, raconte Elsa. J'entends chaque jour sa nounou hurler sur lui. Je suis montée parler à mes voisins avec beaucoup de précautions : "Votre nounou doit être un peu fatiguée en ce moment, elle s'énerve souvent..." La mère m'a répondu : "Oui, elle est fatiguée." Le père m'a parlé des problèmes de copropriété... »*

Soyez vigilant, écoutez votre ressenti, parlez de ce qui vous semble inacceptable, tout de suite. Les relations avec votre salariée seront en grande partie ce que vous en ferez.

## Former sa salariée

Quand vous êtes employeur, vous cotisez pour que votre salariée puisse bénéficier de formations professionnelles (et elle aussi). Ces formations sont gratuites : pourquoi ne pas en user ?

L'institut Iperia regroupe un réseau de 350 organismes de formation labélisés, à destination des salariés du particulier employeur et, depuis 2006, des assistantes maternelles. Quatre-vingts modules sont proposés concernant la petite enfance, les personnes âgées ou en situation de handicap.

*Une formation aussi pour les parents employeurs : la Fepem travaille actuellement sur des programmes de management en* e-learning. *À suivre !*

### → Quelques exemples de formation petite enfance

- Garde d'enfants en garde partagée : 16 heures.
- Garde d'enfants de 0 à 3 ans : 40 heures.
- Garde d'enfants de plus de 3 ans : 20 heures.
- Préparer les repas des enfants : 24 heures.
- S'occuper d'enfants en situation de handicap : 24 heures.
- Relations et communication avec les enfants : 20 heures.
- Aide aux devoirs : 16 heures.
- Contes et histoires à raconter : 16 heures.
- Sécurité et prévention auprès d'enfants : 16 heures.

### Comment ça marche ?

**Chaque salarié à domicile a droit à quarante heures de formation par an**

Dans le cadre du plan de formation, quels que soient son ancienneté ou le nombre d'heures travaillé. La demande peut également être présentée par le salarié dans le cadre de son droit individuel à la formation (DIF). Dans ce cas il doit avoir au moins un an d'ancienneté chez son employeur pour avoir droit à vingt heures de formation par an.

- **La formation est gratuite**

Ce qui signifie que le parent qui fait l'avance de salaire est remboursé (par l'Agefos PME, en théorie avant la fin du mois ou le mois suivant) et que le salarié est payé pendant les jours de formation. Les frais de transport, de repas et d'hébergement sont également couverts.

- **Pour trouver une formation**

il suffit d'appeler la plate-forme téléphonique d'Ipéria au 0800 820 920. Celle-ci centralise les demandes et fait en sorte qu'aucune ne reste sans réponse (quitte à ce que le salarié se déplace dans une autre ville). Le site www.iperia.eu propose une cartographie des formations en France. Vous pouvez chercher à partir de votre région, du thème ou des dates de formation. Vous pouvez également contacter l'Agefos PME au 0825 077 078.

- **Les formations peuvent avoir lieu le samedi ou pendant les vacances**

La plupart des organismes qui forment dans le domaine de la petite enfance ont des offres hors temps de travail classique.

La Fepem et les partenaires sociaux ont en outre créé le « passeport formation » que les salariés peuvent présenter à leur futur employeur : Une formation = un coup de tampon.

## … « NE NOUS APPELEZ PLUS "NOUNOU" ! »

*Sylvie Fofana a gardé des enfants chez des particuliers pendant dix-sept ans. Elle a créé le Syndicat national des auxiliaires parentales[1] et l'association Auxiliaires parentales de France.*

**Votre organisation s'appelait Association des nounous d'Île-de-France. Pourquoi avoir abandonné cette dénomination ?**

Parce que les employeurs ne nous prenaient pas au sérieux. Ce terme « nounou » comme un clin d'œil aux enfants nous desservait. Avec trente-cinq collègues, nous avons donc constitué un syndicat professionnel dont l'objectif est de valoriser la profession.

**Quels sont les malentendus les plus fréquents entre employeurs et auxiliaires parentales ?**

En majorité les heures supplémentaires non payées, les heures de présence responsable alors que la salariée fait le ménage ou le non-paiement de l'indemnité compensatrice de congés payés lors du licenciement. Les salariées ne connaissent pas toujours la loi et les employeurs non plus. Ils ont pourtant l'obligation légale de laisser un exemplaire de la convention collective des salariés du particulier employeur chez eux, à disposition. C'est vrai que les parents ne sont pas des patrons comme les autres, ils ne font pas de bénéfices en employant un salarié à domicile. La plupart des employeurs sont corrects cependant certains abusent en connaissance de cause, par exemple en indiquant une « fourchette » horaire dans le contrat (par exemple 9 heures-19 heures) plutôt que des horaires précis. Il sera plus difficile pour la salariée de prouver qu'elle fait des heures supplémentaires.

1. Syndicat national des auxiliaires parentales/salariés du particulier employeur : www.unsa-snap.org/author/unsa/.

**Vous proposez une médiation entre les parents et les nounous. Comment intervenez-vous ?**

Nous réglons les trois quarts des litiges qui nous sont soumis par nos adhérentes à l'amiable. Depuis que le syndicat a été créé, en 2012, nous n'avons été que cinq ou six fois en conciliation aux prud'hommes, sur des centaines de cas. Beaucoup de parents ont du mal à communiquer avec leur auxiliaire parentale, car ils craignent qu'elle parte du jour au lendemain. Ils redoutent également les incompréhensions culturelles entre eux et leurs salariées migrantes. Je sers parfois d'arbitre. Récemment, une mère m'a appelée désespérée pour me dire qu'elle avait vu l'auxiliaire parentale de ses enfants en photo sur Facebook en train de faire la fête alors que celle-ci lui avait dit qu'elle était malade. Je lui ai conseillé de se rapprocher de la Sécurité sociale et de la Fepem.

**Quels autres conseils donnez-vous aux uns et aux autres ?**

J'encourage les salariées à ne pas négocier un salaire mensuel mais un taux horaire, qui variera en fonction du temps réel effectué et à se rapprocher des syndicats avant de signer leur contrat. Je conseille aux parents de faire confiance à leur salariée et de la former. Car c'est un vrai métier à responsabilité. Il ne s'agit pas de s'occuper des plantes ! Ce n'est pas une profession vers laquelle on se tourne par manque de choix. Si on n'aime pas s'occuper des enfants, on ne tient pas plus de trois mois. Celles qui restent apprécient leur métier. Les relations avec les enfants sont franches : quand ils ne sont ne sont pas contents de vous, ils vous le font savoir, ils ne sont pas rancuniers. C'est un métier noble, utile, qui est pourtant peu reconnu. Mon rêve, c'est de voir les assistantes maternelles, les auxiliaires parentales et leurs employeurs manifester ensemble pour défendre la qualité de l'accueil individuel. On ne peut pas parler d'égalité hommes-femmes sans mode de garde adapté.

## → Pour aller plus loin

- Sur la partie administrative de la garde :
  - Isabelle Gallay et Laurence de Percin, *Le Particulier employeur, mode d'emploi*, Vuibert, 2008.
  - Julie Martory, *Qui va garder mon bébé ?*, Tournez la page, 2013.
- Sur les relations avec la nounou :
  - Patricia Denat, *Papa, maman, ma nounou et moi*, Érès, 2008.

### UNE SOCIOLOGUE AU SQUARE

« Nounou noire et bébé blanc : une situation romanesque s'il en est quand on songe à *Autant en emporte le vent* ou *La Couleur des sentiments* », lit-on sur la quatrième de couverture de *Qui gardera nos enfants ? Les nounous et les mères* (Flammarion, 2012). C'est en passant du temps dans un square parisien que la sociologue Caroline Ibos a choisi son terrain d'enquête : un groupe de nounous ivoiriennes ayant quitté leur pays pour des raisons économiques et leurs employeurs parisiens. Pendant trois ans, elle a interviewé et observé vingt et une familles et leurs salariées, de « la cérémonie » du recrutement aux arrangements financiers en passant par les agacements du quotidien. Une étude politique, à laquelle certains ont reproché de manquer de nuances et de généraliser un des aspects de la garde à domicile mais qui a eu le mérite de mettre les pieds dans le plat. À lire !

## La solution de l'étudiant ou la mamie au pair

Vous avez une chambre en plus, avec si possible une salle de bains ou, mieux, un petit studio ? Vous êtes prêts à partager votre intimité ? à passer du temps chaque année pour recruter une nouvelle personne ? La solution « au pair » mérite d'être envisagée. Sous cette dénomination, on mélange souvent deux statuts différents : les stagiaires aide familiale (nécessairement des étudiants étrangers) et les salariés au pair (qui peuvent être français et âgés de plus de trente ans).

### Les stagiaires aide familiale

Le « stagiaire aide familiale » est un ou une étudiant(e) étranger de dix-huit à trente ans, titulaire d'une carte de séjour temporaire « étudiant » et inscrit à des cours de français, qui est rémunéré en avantages en nature (logement, repas, argent de poche...). En contrepartie, il ou elle accomplit trente heures de travail par semaine (garde d'enfant, préparation des repas, petits rangements...), avec une journée complète de repos (au moins un dimanche par mois).

Vous lui versez environ 300 € d'argent de poche par mois (entre 260 et 314 €), auxquels vous ajoutez autour de 50 € de frais de transport (carte de transport ou essence), une carte de téléphone prépayée, les sorties avec la famille, et entre 400 € et 600 € de cotisations Urssaf par trimestre. Le total hors repas et logement est compris entre 400 et 700 € par mois.

*Attention, cette somme n'est pas déductible des impôts (hors cotisations) et n'ouvre pas droit aux aides de la CAF.*

L'avantage de cette solution n'est pas tant du côté des finances que du confort. Votre étudiant au pair sera là tous les soirs, avec une marge horaire très souple. Il ou elle pourra assurer jusqu'à deux baby-sittings par semaine. Et sera là le matin pour vous aider à préparer les enfants.

### → Où trouver un stagiaire au pair?

- En passant par une agence, membre de l'UFAP (Union française des agences au pair: www.ufaap.org) ou de l'IAPA (International au pair association). Cela coûte entre 400 et 800 € en moyenne.
- En mettant une annonce sur un site spécialisé, type www.aupairworld.com.
- En mettant une annonce à l'Église américaine à Paris ou dans le *Fusac*, le journal de petites annonces des anglophones (www.fusac.fr).

Vous devez signer un accord écrit de placement, au plus tard la première semaine d'accueil, qui définit les droits et obligations de chacun, (notamment conditions d'accueil du stagiaire), les prestations dues, les horaires de travail, les conditions de rétribution. Celui-ci peut être rompu sans formalité en cas de mésentente.

Vous le faites valider par la Direccte (Direction des entreprises, de la concurrence, de la consommation, du travail et de l'emploi) de votre lieu de résidence, accompagné d'un dossier comprenant notamment un justificatif de l'inscription du stagiaire en France à des cours de français spécialisés pour étrangers (payés par le jeune au pair), un certificat médical, une attestation de son niveau d'études, une lettre de motivation...

*La validation de l'accord de placement par la Direccte est une pièce nécessaire pour la demande de titre de séjour mention étudiant (pour les étudiants hors Communauté européenne).*

Vous le déclarez à l'Urssaf dans les huit jours de l'embauche. Chaque trimestre l'Urssaf vous adressera une déclaration nominative simplifiée pour le calcul des cotisations.

**UNE BONNE IDÉE POUR LES VACANCES?**

Vous pouvez accueillir un jeune au pair pour l'été ou l'emmener en vacances. Dans ce cas il doit rester moins de trois mois. Il est rémunéré 120 € par semaine et ne prend pas de cours de français.

## L'employé au pair

L'employé familial au pair se distingue de la « stagiaire aide familiale » par le fait qu'il a le statut de salarié à domicile.

Il est rémunéré exclusivement en nature (logement, repas...). Il doit être âgé de dix-huit ans au minimum (pas de maximum), être de nationalité française ou étrangère en situation régulière, étudiant ou non. C'est pourquoi il semblerait que certaines familles choisissent cette formule pour embaucher des mamies au pair, qui vivent à leur domicile, nourries et logées, tout en s'occupant des enfants. Il existe même quelques sites spécialisés dans les mamies au pair (tapez cette expression dans Google).

- Comme pour l'emploi d'une nounou à domicile, vous pouvez bénéficier de la PAJE et des avantages fiscaux (crédit ou réduction d'impôt).
- Vous rédigez un contrat de travail, soumis à la convention collective nationale du particulier employeur. Vous demandez votre immatriculation à l'Urssaf dans les huit jours de

l'accueil. Les cotisations seront calculées sur la valeur forfaitaire des avantages en nature (4,50 € par repas. 71 € par mois pour le logement). Si la valeur réelle des avantages est supérieure, elle doit être indiquée au contrat. C'est elle qui sera prise en compte pour calculer les cotisations.

Chaque trimestre l'Urssaf vous envoie une déclaration nominative simplifiée (DNS) à lui renvoyer en précisant le montant des avantages en nature du trimestre. L'Urssaf calcule les cotisations et vous adresse un avis d'échéance avec le montant dû et la date limite de règlement des cotisations (30 avril, 31 juillet, 31 octobre, 31 janvier).

## Qu'en pensent les parents qui ont choisi la solution au pair?

**Mirella, mère de deux filles de neuf et onze ans**

*«J'ai la chance d'avoir un petit studio de 20 mètres carrés au rez-de-chaussée de ma maison. Je peux donc loger des jeunes filles au pair dans de bonnes conditions. Elles font le petit déjeuner, elles vont chercher mes filles à l'école à 16 h 30, elles les conduisent à leurs activités, s'occupent des devoirs, de la douche, du dîner. Je rentre vers 20 heures-20 h 30. Elles assurent deux baby-sittings par semaine. Elles font aussi des petites choses, comme donner à manger au cochon d'Inde, faire la vaisselle, ranger les chambres des filles. Même s'il faut choisir ses combats. Celle qui est là en ce moment ne sait pas faire tourner une machine. Tant pis, elle est super avec les filles. Je les paie en leur donnant 100 € d'argent de poche par semaine, plus les transports, elles sont logées et nourries. Je leur paie l'aller-retour en Italie pendant les vacances. Quand je les emmène en week-end avec moi, je les paie en plus. Lorsque je recrute, je cible : je veux des filles de vingt et un ans minimum, diplômées, qui savent jouer avec les enfants et qui ont un projet en France. Je suis passée une seule fois par une agence.*

*Cela m'a coûté 800 €. On m'a proposé une seule candidate. Elle avait vingt ans, elle n'était pas autonome. J'ai arrêté au bout de quinze jours. Désormais je fais le recrutement moi-même sur www.aupairworld.com. Ça me coûte 50 € pour six mois. Je dialogue par mail avec une vingtaine de candidates. On échange des photos, je leur envoie le planning de ce qu'elles devront faire sur une semaine... Oui, ça me prend beaucoup de temps ! Je ne recrute que des Italiennes car je suis originaire de Milan et mes filles sont bilingues. Je m'arrange toujours pour rencontrer les candidates. Il m'est arrivé de leur payer des allers et retours. Ça me coûte 100 € sur Easyjet. Je vois tout de suite à qui j'ai affaire. Celles qui ne sont pas dégourdies ou pas intéressées par les enfants. Lorsque l'étudiante que j'ai choisie s'installe, je passe deux jours avec elle pour lui expliquer tout le fonctionnement de la maison (comment s'occuper des filles, équilibrer les repas...) et de la ville (transports, trajets...). J'affiche de grands tableaux avec le planning, les menus, les douze plats que mes enfants préfèrent... Il faut tout prévoir. Dire ce qu'on veut. Ce qu'on ne veut pas (par exemple peut-elle inviter du monde dans son espace ?). Même ce qui nous paraît évident (qu'il faut coiffer les filles avant le départ pour l'école, par exemple). Est-ce que j'ai déjà ressenti un ras-le-bol lié à la présence des étudiantes au pair chez moi ? Non, pas vraiment. Mais j'ai bien balisé l'espace. Le soir elles mangent avec les enfants. Quand j'arrive, elles peuvent partir. On ne passe pas la soirée ensemble devant la télé. Elles ont leur espace, moi le mien. J'ai hébergé des filles formidables, avec lesquelles je suis encore en contact. Je sais que cela se passe bien aussi parce que je les rémunère correctement. Avant les sentiments, il s'agit d'abord d'un juste équilibre économique, même si c'est parfois difficile à accepter s'agissant de nos enfants. »*

### LE CONCOURS DE SUPER NANNY

Préparer un biberon, changer un bébé, lire une histoire à un enfant de cinq ans, préparer un repas sain, inventer des décorations de Noël, répondre à un quizz sur les maladies infantiles, pratiquer un massage cardiaque, trier des jouets par âge, répondre à un faux entretien d'embauche... C'est après avoir réussi toutes ces épreuves dignes d'une émission de téléréalité que Chloé Proux, vingt-cinq ans, a été sacrée « meilleure Nanny de France » en décembre 2014. Un concours[1] organisé par l'Académie des gouvernantes, soutenu par la Fepem et la Fédération française des services à la personne et de proximité (Fesap) et qui regroupe des nounous et des assistantes maternelles de toute la France. La lauréate 2013, Isabelle Catiau, a publié un E-book intitulé « Les conseils de la meilleure nanny de France ». Le concept a fait des émules puisque l'association Auxiliaires parentales de France organise elle aussi son propre concours du (de la) « meilleur(e) auxiliaire parental(e) » (avec donc quelques hommes en compétition).

1. www.academiedesgouvernantes.fr/concours_nanny.php.

**Laurence, mère de cinq garçons dont les derniers ont aujourd'hui vingt ans**

*« Des filles au pair j'en ai eu vingt-trois ! De 1977 à 2004. Ce que je peux dire c'est que dans "jeune fille au pair", il y a une jeune. Et qu'une jeune fille de dix-huit ans seule à Paris, ça déprime vite. Il m'est arrivé plusieurs fois de rentrer à la maison et de les trouver en pleurs. Il faut les écouter, les réconforter. C'est*

*parfois comme un enfant en plus. C'est aussi pour cela que je ne conseille pas de faire venir une fille au pair si on n'habite pas dans une grande ville. Après quelques années je mettais mes annonces dans un journal anglais qui s'appelait à l'époque* The Lady *et je demandais une personne "smiling, happy, dynamic". Ces jeunes Anglaises étaient extra. Je les hébergeais dans une chambre sans accès indépendant et ce n'est pas toujours facile de partager son salon et sa salle de bains. En revanche ce mode de garde est d'une souplesse extraordinaire. Pouvoir aller au cinéma avec son mari sur un coup de tête, ça n'a pas de prix !»*

### → Pour en savoir plus sur ces deux statuts

www.vosdroits.service-public.fr.

# 10

# La garde partagée

Pour mutualiser les frais, deux familles peuvent recruter une seule nounou pour garder leurs enfants et alterner le lieu de garde : une semaine chez l'un, une semaine chez l'autre. Cette solution se développerait de plus en plus, surtout dans les grandes villes. La garde partagée permet de rapprocher le coût de la garde à domicile de celui d'une assistante maternelle. Les aides sont les mêmes que pour la garde simple : complément du libre choix du mode de garde, crédit d'impôt...

La garde partagée est souvent plébiscitée : non seulement vous payez le prix d'un mi-temps mais vos enfants se font des copains (et vous aussi). C'est vrai. Quand ça se passe bien. Car le risque d'être « planté » par l'autre famille fait partie du jeu. Dans ce cas, il faudra payer 100 % du salaire de la nounou le temps de trouver une autre famille (ou la licencier, ce qui ne résoudra pas les problèmes de garde). Les enfants qui créent parfois entre eux des liens forts peuvent ainsi être séparés presque du jour au lendemain. La nounou, quant à elle, doit s'occuper de deux enfants d'âges rapprochés et gérer les relations avec deux employeurs. Pas facile. Par ailleurs, plus on compte d'intervenants dans un contrat, plus l'affaire se complexifie...

## Comment bien choisir l'autre famille?

Pour que cela fonctionne, il faut que les deux appartements soient situés à dix minutes à pied l'un de l'autre, que les horaires et les jours de congé des deux familles ne soient pas trop éloignés. Le minimum syndical, c'est d'être d'accord sur les aspects techniques et administratifs de la garde :

- Où l'accueil aura-t-il lieu ? Chez nous ? Chez vous ? Les deux ? On alterne tous les combien ?
- Quels seront les horaires ? En pratique, c'est plus simple si vous êtes calés sur les mêmes heures de travail (car sinon que se passera-t-il quand vous rentrez à 18 heures et que l'autre famille viendra chercher son enfant à 19 heures ?) Idem pour les RTT. Comment calculer le prorata si un enfant reste une journée de plus par exemple ? Ou si le nombre d'enfants n'est pas le même : 55/45 ? Majoration de votre taux horaire ?
- Quelles sont les tâches qui seront demandées à la nounou ? Rangement des chambres des enfants, entretien de leur linge, préparation des repas...
- Si l'un des enfants est malade, les deux resteront-ils à la maison toute la journée ? Iront-ils ensemble chez le pédiatre ? L'un des avantages de la nounou est qu'elle garde les enfants même quand ils sont malades. Pourtant, ce sujet est parfois délicat entre les familles...
- Qui va acheter la poussette double que l'on payera en commun ? Quel modèle choisit-on ? Économique (sur « Le Bon Coin ») ou de compétition (Bugaboo Donkey à 1 000 €) ? Qui la gardera ensuite ?
- Comment va-t-on s'organiser pour mettre deux lits par appartement à la disposition de la nounou ? deux transats ?
- Comment s'organise-t-on pour l'achat des couches ?
- Qu'en est-il de la sécurisation des appartements de chacun ?

- Comment harmoniser les vacances ? Quatre agendas à synchroniser, c'est beaucoup. La nounou en général n'a pas droit au chapitre !
- Comment s'organise-t-on les jours de récupération de la nounou si elle fait des heures supplémentaires ? Peut-on arranger un roulement : en janvier, c'est l'un des parents qui s'occupe des deux enfants une journée ; en février, c'est l'autre ?
- Qui payera le surcoût si une famille est très bio, l'autre pas ?
- Quel sera le rythme des enfants (siestes, sorties...) ?
- Quels sont les critères de recrutement de la nounou ?

*« Pour notre troisième fille, nous n'avons pas eu de place en crèche, raconte Katie, nantaise. Nous avons rencontré une famille pour une garde partagée. Celle-ci avait déjà une nounou, qui allait chercher leurs autres enfants à l'école. La famille était super mais elle ne nous a pas choisis car elle préférait que la garde se fasse chez elle tout le temps. Même scénario pour la seconde famille que nous avons rencontrée. Nous avons vite compris qu'elle avait ses habitudes avec la nounou à domicile... Celle-ci range la maison, fait à manger, prépare des gâteaux quand les parents sont invités à dîner... Nous avons finalement accepté que la garde se fasse exclusivement chez eux. En contrepartie ils la payent un peu plus que nous. J'ai également négocié que la nounou me ramène ma fille à 18 h 30. Nous payons en plus une baby-sitter qui va chercher nos deux grands à l'école. Au final, la nounou est super mais c'est vrai que j'apprécierais de ne pas avoir à sortir ma fille de chez moi le matin une semaine sur deux. Par ailleurs le complément du libre choix du mode de garde (de la CAF) n'est en principe versé que s'il existe une réelle alternance entre les deux familles... Certains parents se sont habitués au confort de la garde à domicile et veulent simplement partager les frais avec d'autres parents. Pourquoi pas, si tout le monde y trouve son compte. Je me demande même si ce n'est pas plus simple pour la nounou et les enfants. »*

Pas besoin de devenir les meilleurs amis du monde avec les autres parents. Cependant il est recommandé de passer au moins une soirée avec eux avant de s'engager pour mieux les connaître !

## Quelles sont les formalités?

*En garde partagée vous ne pouvez pas prévoir d'heures de présence responsable. Toutes les heures de présence sont des heures de travail effectives.*

En pratique, la nounou a deux feuilles de paie. Chaque famille doit déclarer le nombre d'heures effectuées chez elle. Si par exemple vous l'employez quarante heures par semaine, chaque famille déclare vingt heures. Vous trouverez un modèle de contrat en garde partagée sur le site de Pajemploi (www.pajemploi.urssaf.fr).

### QUE SE PASSE-T-IL SI L'UNE DES FAMILLES VEUT ARRÊTER?

Selon les articles 11 et 12 de la convention collective des salariés du particulier, la rupture du contrat de l'autre famille est un motif de licenciement légitime de la salariée pour l'autre famille (c'est une modification substantielle du contrat de travail). Si la famille restante souhaite continuer avec la nounou, elle peut soit chercher une autre famille, soit passer en garde simple (en payant le prix d'un plein-temps), soit réduire les heures de la nounou (si elle est d'accord).

## Comment trouver une famille?

En mettant une annonce précise (adresse, âge des enfants, date de la recherche, plages horaires de la garde...), si possible deux ou trois mois avant la naissance :

- chez les commerçants du quartier ;
- sur les sites spécialisés : www.garde-partagee.net ; www.gardes-enfants.com ; www.garder-mes-enfants.fr, www.bebe-nounou.com ;
- sur les sites locaux, mis en place par les mairies, ex : https://lestribus.paris.fr à Paris.

Pour trouver une nounou, vous pouvez aussi recourir ensemble, comme pour une garde simple, à une agence mandataire. Certaines agences prestataires (qui sont employeurs de la nounou) vous proposent également d'organiser une garde partagée profitant du fait que le coût horaire est partagé entre les parents. C'est le cas par exemple de l'agence Saperlipopette en Île-de-France[1]. L'avantage est que vous n'êtes (en théorie) pas dans une position d'employeur direct par rapport à la nounou. En pratique, c'est un peu plus compliqué que ça, car c'est quand même vous qui la managerez au quotidien. Par ailleurs, même si les aides de la CAF que vous recevrez sont plus élevées que si vous employez vous-même votre nounou, vous devrez faire l'avance de frais importants en attendant le crédit d'impôt l'année suivante. Attention, certaines agences prestataires ajoutent 1 € de plus par heure à leurs tarifs quand vous êtes en garde partagée, alors même qu'ils ne vous aident pas à trouver la famille (et même si c'était le cas...). Si cela ne se répercute pas sur le salaire de la nounou, boycottez !

→ p. 157.

1. www.saperlipopette-grandir.fr. Le site de cette agence pourrait être plus transparent sur les tarifs pratiqués.

# TROISIÈME PARTIE

# La garde après l'école

11

# Une solution après l'école

Le débat autour de la garde des enfants est centré sur le manque de places en crèche. Pourtant, la grande débrouille ne s'arrête pas à trois ans, avec l'entrée en maternelle. Que se passe-t-il les mercredis, les soirs après l'école et pendant les seize semaines de vacances annuelles ?

Comme pour les moins de trois ans, l'offre est très variable selon le lieu d'habitation. Si les petits Parisiens sont accueillis dans des centres de loisirs grand luxe qui les conduisent à des expos ou au ciné, certaines communes ne proposent pas de solution périscolaire aux parents, et certaines écoles ferment leur porte à 17 h 15. Bien sûr, les Français ne sont pas le plus mal lotis, dans d'autres pays il n'y a rien du tout. Certes...

Le Haut Conseil à la famille[1] a tout de même reconnu récemment que l'accueil de loisir pour les préadolescents ou les adolescents est peu développé, alors que « la tranche d'âge concernée par l'offre de temps libre et de loisir est près de cinq fois plus importante que la tranche d'âge concer-

1. Dans son avis : « La diversité de l'offre et les disparités d'accès sur les territoires en matière d'accueil des jeunes enfants, de loisir et d'accueil des enfants et des adolescents autour du temps scolaire », février 2013.

née par les modes d'accueil des jeunes enfants (moins de trois ans). Pour autant, le budget qui y est consacré par la branche famille est plus de dix fois moins important... ».

La question « Qui va garder mes enfants ? » lorsqu'ils sont à l'école a une autre spécificité : la CAF ne verse plus d'aides aux parents pour le mode de garde quand l'enfant a six ans. Or c'est un peu jeune pour se garder seul.

*Selon une enquête effectuée par Mediaprism pour le laboratoire de l'égalité, les femmes sont toujours perçues comme celles qui doivent s'adapter aux rythmes familiaux : 52 % des pères comptent sur les mères et 16 % des mères comptent sur les pères !*

Pourtant, lorsque les deux parents travaillent à temps complet, près d'un élève de primaire sur deux ne les retrouve pas directement après la journée de classe, et quatre sur dix ne les voient ni l'un ni l'autre le mercredi en journée. La grande majorité des collégiens déjeunent à la cantine, et, une fois rentrés, 16 % d'entre eux sont seuls[1].

### UNE RÉFORME PROBLÉMATIQUE

La réforme des rythmes scolaires a jeté un nouveau pavé dans la marelle. Selon les situations, elle pourrait permettre aux parents qui avaient dû renoncer à travailler le mercredi de repasser à temps plein. Certaines villes choisiront cependant de plutôt faire venir leurs écoliers le samedi matin. Les solutions de garde proposées aux parents suite à la réduction des heures de cours seront-elles partout suffisantes ? Sans doute tous n'auront pas droit à des ateliers « confection de marionnettes », « hip-hop », voir « ski » de 15 heures à 16 h 30...

1. « Le temps périscolaire et les contraintes professionnelles des parents », Insee, septembre 2011.

La proportion d'enfants qui ne partent pas en vacances varie entre 13 % et 41 % selon les régions (les taux de départ sont plus élevés dans les grandes villes). Trois millions de jeunes de cinq à dix-neuf ans, soit 25 % de cette classe d'âge, ne partent jamais en vacances.

Où sont donc les enfants après l'école, le mercredi et pendant les vacances, quand ils ne sont pas avec leurs parents ?

## Confier son enfant à un centre aéré public

Cantines, garderies périscolaires, études, centres de loisirs... Le service public offre plusieurs solutions de garde accolées à l'école. Cependant, leur existence et leurs modalités de fonctionnement dépendent des municipalités.

- La garderie s'adresse aux enfants de maternelle et de primaire entre 7 h 30 et le début de la classe (pas toujours), et entre la fin des classes et 18 h 30 (en général, mais elle peut fermer plus tôt).
- Les centres de loisirs s'adressent aux enfants de trois à quatorze ans les mercredis et pendant les vacances, à la journée ou la demi-journée, pour des activités artistiques, culturelles, sportives et de plein air.

Côté chiffres, le Haut Conseil à la famille a identifié une moyenne nationale de 22 places en centre de loisirs pour 100 enfants de trois à seize ans mais le nombre de places varie entre 6 et 57 pendant l'année scolaire. En comparant des départements dans lesquels vit presque le même nombre de jeunes de trois à seize ans, il observe des écarts de taux de couverture allant de 1 à 4[1] !

1. Sur la base des données relatives au seul mois de juillet, le Haut Conseil évalue la moyenne nationale des places en accueil de loisirs à 14 pour

En préélémentaire, les enfants sont ainsi 10 % à fréquenter les centres de loisirs, presque autant que les activités culturelles ou sportives (11 %). En primaire, ils sont moins souvent au centre (7 %). Les collégiens, quant à eux, ne sont plus que 1 % à fréquenter les centres de loisirs.

### LA FIN DES COLOS?

Stages de poney ou de théâtre, séjours linguistiques à l'étranger, camps scouts... les colonies de vacances sont la principale alternative au centre aéré et au bitume des grandes villes. Pourtant, selon un rapport parlementaire[1], leur fréquentation se serait « effondrée » depuis 1995. En 2011, le taux de départ des 5-19 ans en séjours collectifs de plus de cinq nuits n'était plus que de 7,5 %, comparé à 14 % en 1995. Parmi les causes, le rapport cite le coût des séjours, « devenus trop chers pour les classes moyennes », mais aussi la désaffection des pouvoirs publics et des comités d'entreprise, la méfiance des parents, l'« escalade normative » (augmentation des réglementations sur l'hygiène et la sécurité), la législation du travail difficile à appliquer aux animateurs et le déclin des projets éducatifs... À l'inverse, les « mini-camps[2] » de moins d'une semaine (trois-quatre jours), organisés par les centres de loisirs ou les camps de scouts, seraient en croissance rapide depuis 2000.

1. Assemblée nationale, « L'accessibilité des jeunes aux séjours collectifs et de loisirs », juillet 2013.

2. Le nombre de mineurs accueillis dans ces mini-camps est passé de près de 300 000 en 2008 à 420 000 en 2011.

100 enfants de 6 à 11 ans, avec des écarts allant de 7,5 % pour la Lozère (1 000 places) à 25 % pour le Nord (100 000 places) et 22 % pour les Ardennes.

## Combien ça coûte?

Les tarifs sont fixés par les communes, ils peuvent varier du simple au triple, même si, selon le Haut Conseil, « on peut penser que, dans la majorité des cas, les participations financières demandées aux familles sont très inférieures aux coûts et que les gestionnaires ont le plus souvent recours au quotient familial pour les déterminer. La CAF subordonne en effet son engagement financier à ce que la structure adopte une tarification modulée en fonction des ressources des parents ».

Les tarifs dépendent donc du quotient familial et varient en moyenne entre 1 et 2,40 € de l'heure pour la garderie et entre 1 et 25 € la journée pour les centres aérés (repas compris).

Ces sommes ouvrent droit à un crédit d'impôt de 50 % du montant des dépenses, plafonnées à 2 300 € par enfant de moins de sept ans, soit une réduction maximale de 1 150 €.

## Que font les enfants?

Les activités sont très dépendantes des moyens financiers affectés par la commune et de l'implication des directeurs de centre de loisirs. Dans certains centres, les enfants ont le choix entre plusieurs activités (ciné, expo, parc de loisirs, chorégraphie de capoeira, journée brésilienne...), façon Club Med. Dans d'autres, ils joueront au mieux aux échecs ou à « Un deux trois soleil » dans la cour.

L'équipe d'animation est composée de personnes salariées ou bénévoles âgées d'au moins dix-sept ans. 80 % d'entre elles (ou la totalité si elles sont moins de cinq) doivent avoir une qualification certifiée type BAFA. Le taux d'encadrement est en centre aéré d'un animateur pour huit enfants de moins de cinq ans et d'un pour douze de plus de six ans ; en garderie, le ratio est respectivement d'un pour quatorze et d'un pour dix-huit). Ces taux devraient être augmentés à la suite de la réforme des rythmes scolaires.

### L'OFFRE DE LOISIRS DE VOTRE QUARTIER

À côté des centres de loisirs il existe des associations culturelles, des clubs sportifs, des centres sociaux, des maisons des jeunes et de la culture... Pour les trouver, adressez-vous à la mairie.

Par ailleurs, des ateliers payants sont parfois organisés par des associations dans les écoles, avec un nombre de places souvent limité. Renseignez-vous auprès du (de la) directeur(trice).

## Confier son enfant à un centre aéré privé

Encore très confidentielles, quelques solutions type « centre aéré » se développent dans le secteur privé. Le plus ? Les animateurs viennent chercher les enfants à la sortie de l'école et peuvent les garder jusqu'à 20 heures. Pour illustrer cette tendance, j'ai choisi de vous présenter deux initiatives innovantes.

Il existe ici ou là d'autres ateliers dont les organisateurs récupèrent les enfants à la sortie de l'école[1], mais ils sont rares, pas autant structurés. Certains centres culturels proposent aussi des cours de soutien. Renseignez-vous à la mairie sur les possibilités offertes dans votre quartier.

1. Par exemple www.air-de-famille.fr, à Paris (10e) et www.kafeteo-momes.fr, à Lyon (1er).

## Môm'Artre

La première est associative. C'est le réseau Môm'Artre[1]. Un mode de garde collectif et sécurisant, avec un réel projet éducatif (et social). Il coche bien des critères d'un mode d'accueil de qualité.

Le pitch ? Des ateliers animés par des artistes, après l'école, pour les six-onze ans.

L'antenne « historique » a ouvert en 2001, rue de la Barrière-Blanche dans le 18e arrondissement de Paris. À l'époque Chantal Mainguené, sa fondatrice, élève seule ses deux filles et n'en peut plus de ramer entre l'étude fermée à 18 h 30 et les baby-sitters trop chères pour un budget déjà serré. Elle invente son mode de garde « idéal » en observant les besoins de son quartier. « Je voulais créer du lien et de l'emploi local, notamment pour les artistes, raconte-t-elle. Les enfants ne sont pas simplement gardés, ils s'essayent à différentes disciplines et techniques, nous les encourageons à apporter leurs points de vue sur les projets. »

Le concept a pris forme avec l'aide de bénévoles, souvent retraités, de jeunes en service civique et de stagiaires BAFA. L'antenne du 18e compte aujourd'hui deux salariés à plein temps et deux à temps partiel. Le réseau compte aujourd'hui quatre autres antennes à Paris (Môm' Pelleport et Môm' Ganne dans le 20e, Môm' Didot dans le 14e, Môm' Frenay dans le 12e). Il est également présent à Lille, à Arles et à Nantes et bientôt à Montreuil, Nanterre et Marseille.

En semaine, les animateurs vont chercher une trentaine d'enfants inscrits dans les écoles du quartier à 16 h 30, les ramènent à l'atelier, leur préparent un goûter et les aident à faire leurs devoirs, avec le renfort de bénévoles. Puis, les enfants participent à l'une des activités proposées par des plasticiens, des musiciens, des vidéastes, des comédiens...

1. www.momartre.net.

pendant une heure trente environ, jusqu'à l'arrivée des parents entre 18 h 30 et 20 heures. Les antennes accueillent les enfants du quartier (quelle que soit leur école) le mercredi jusqu'à 19 heures et proposent à tous des stages artistiques pendant les vacances scolaires. Chaque enfant peut venir jusqu'à deux soirs par semaine. Les familles payent selon leur quotient familial, entre 0,10 centime et 10 € de l'heure.

Le programme est très varié : du graphisme, des autoportraits, des totems, des flip books, des courts-métrages, des romans-photos et même des affiches de films d'horreur, des chorégraphies ou la construction d'une paire d'échasses... Chaque atelier s'étend sur des sessions de six à huit semaines, de la conception du projet à sa création finale. Les travaux des enfants sont présentés aux parents et aux habitants du quartier lors de vernissages, qui sont des occasions de créer des liens entre les familles.

À qui s'adressent ces lieux ? Aux parents qui n'ont pas de solution de garde adaptée à leurs revenus, à leur emploi du temps ou à leurs attentes, en priorité les familles monoparentales, avec des horaires tardifs ou décalés, des lieux de travail éloignés (mais aussi les parents en recherche d'un emploi).

Je me suis rendue rue de la Barrière-Blanche un mercredi après-midi. Ambiance sonore douce. Certains petits lisent, d'autres dessinent sur une grande table ou jouent aux cartes assis en rond sur le sol. D'autres installent le matériel pour les ateliers qui vont démarrer.

> *« Les enfants participent à l'intendance, ils peuvent s'inscrire sur le tableau des missions : remplir les carafes, distribuer les gobelets et les fourchettes, bouger les tabourets..., m'explique François de Pierrebourg, le directeur, et Edwige Poisot, artiste animatrice.*

L'après-midi démarre avec deux ateliers : Mom'opoly – les enfants créent leur propre jeu, avec billets, plateau, pions...

– et Bakayanfoli – légende des peuples autonomes –, un conte musical dont ils jouent les personnages. Aidés par une bénévole et une animatrice, ils se maquillent, décorent des boucliers en carton, habillent leurs lances de tissus imprimés, coupent, collent, agrafent... Cleasy, l'artiste animateur, installe des instruments pour accompagner les chants peuls qu'il leur a appris.

> *« Nous ne rassemblons pas les enfants par âge, précise François de Pierrebourg, ce sont eux qui choisissent leurs ateliers. Nous les laissons tous utiliser des ciseaux, des cutters et des pistocolles. Si le cadre est bien posé, ça se passe bien. Nous avons un postulat de confiance. D'une manière générale, nous leur offrons toutes les libertés dont ils sont capables de s'emparer. Avec parfois des retours en arrière. Les jeux de société étaient en libre accès mais nous trouvions des petites pièces un peu partout. Ils n'étaient pas prêts. Donc, pour le moment, ils doivent nous les demander. Chaque règle est passée au tamis de son utilité : si nous ne pouvons pas l'expliquer aux enfants, nous l'oublions. »*

Les parents sont les bienvenus, ils sont encouragés à participer à la vie du lieu, à exprimer des attentes et des critiques.

> *« Parfois ils nous racontent leurs difficultés poursuit Edwige Poisot. Nous les orientons vers des lieux de soutien du quartier. L'objectif est d'adoucir l'accueil par rapport à ce dont ils ont l'habitude. Un parent est en retard ? Au lieu de l'accueillir fraîchement, nous parlons avec lui. Si certains sont au départ un peu sur la défensive, c'est souvent par timidité ou par peur du jugement. Quand ils comprennent que nous ne les blâmons pas, ils se détendent. Nous essayons d'être simples et souples. Si on nous appelle même cinq minutes avant la sortie des classes, pour que nous n'attendions pas un enfant devant l'école, l'atelier n'est pas facturé. »*

Une philosophie que Chantal Mainguené aimerait diffuser dans les centres aérés publics.

> *« Nous avons un projet de formation pour les animateurs et les directeurs des centres de loisirs, me précise-t-elle par téléphone. Car pour le moment, hormis le BAFA et le BAFD, ils n'ont aucune formation spécifique. Nous souhaiterions réconcilier les parents avec l'école et le périscolaire. Notre positionnement est dans l'écoute, avec le postulat que si nous nous comportons bien, chacun se comportera mieux. Même quand les enfants sont difficiles, nous ne les mettons pas à l'écart. Nous n'y arrivons pas toujours, des animateurs craquent parfois, on discute, on adapte... »*

Pour le moment le réseau intervient dans trente-cinq écoles parisiennes via l'animation d'ateliers périscolaires. Comment se finance-t-il ? « Grâce aux familles, aux subventions publiques (ville, État, département, régions), un peu la CAF et des fondations pour le reste, détaille Chantal Mainguené. La recherche de financement n'est jamais pérenne, tous les ans il faut recommencer ! »

Mom'artre organise aussi une vie de quartier le week-end avec des repas à thèmes, des ateliers parents-enfants (carnets de famille et de voyages, atelier cuisine...), des projections débats, des sorties culturelles (expo, théâtre, spectacle...), des ateliers de soutien scolaire et d'alphabétisation.

> *« Depuis un an un troc de garde s'est organisé entre familles raconte Edwige Poisot. Deux vendredis soir par mois, nous prêtons les clés de l'atelier à deux parents, qui prennent en charge les enfants pendant que les autres sortent. Les enfants dînent, regardent un film... Ils adorent ! Et nous avons d'autres projets ? « Nous allons organiser un tour des antennes avec des studios d'enregistrement portatifs, poursuit-elle. Dans chacune les*

> *enfants enregistreront deux titres. Notre objectif? Éditer un CD avant la fin de l'année.»*

Au moment où je quitte l'atelier de rue de la Barrière-Blanche, je la vois tartiner plusieurs baguettes de beurre et de confiture de fraise pour le goûter des enfants.

## Filapi

L'autre expérience a été menée par une entreprise qui crée des centres de loisirs cosy dans le 92.

Meublés comme des maisons, les centres Filapi[1] de Boulogne, Clichy et Courbevoie offrent des tas de petits recoins confortables aux trois-dix ans qui ont envie de se poser, de bouquiner, de jouer à des jeux de société. Les animateurs de ces centres privés vont les chercher à 16 h 30 dans les écoles du quartier, les aident à faire leurs devoirs puis leur proposent des ateliers (danse, impro, relaxation, cuisine, expériences scientifiques, jeux de société...), avec des intervenants extérieurs photographes, plasticiens, musiciens, danseurs, joueurs d'échecs... jusqu'à 20 heures. Les centres sont ouverts le mercredi et pendant les vacances scolaires, de 8 heures à 20 heures. Ils dépannent les parents les jours de grève des profs. Le prix en semaine d'école démarre à 8,30 € par heure pour un enfant et 13,30 € pour deux (5,10 €/heure pour un enfant et 8,50 €/heure pour deux pendant les vacances). Pour moitié, ce sont les entreprises qui financent (jusqu'à 80 %), alignant les tarifs pour leurs salariés sur ceux des centres de loisirs publics. Bientôt ouvrira au Plessis-Robinson une structure en partenariat avec une crèche d'entreprise.

---

1. www.filapi.com. Filapi est partenaire du guide de l'Observatoire de la parentalité en entreprise: «Parentalité à 360° en entreprise».

> *« Le métier d'animateur souffre d'une absence de formation et de reconnaissance, remarque la fondatrice, Alexia de Bernardy. Ceux qui travaillent dans les centres de loisirs publics sont vacataires. La plupart du temps, ils n'ont pas de réunion de préparation et ils n'ont pas toujours les moyens de proposer un vrai contenu aux enfants. Nos animateurs sont en CDI à temps plein, ils passent du temps à préparer et à tester leurs ateliers. »*

Du temps, de l'argent, des horaires adaptés... autant d'éléments qui manquent encore parfois au secteur public.

**DIMANCHE, C'EST CINÉ !**

Pour les petits Parisiens, Filapi a créé l'espace « Mon petit Mk2 » dans le complexe Mk2 Grande Bibliothèque, ouvert tous les dimanches aux quatre-dix ans de 13 heures à 18 h 30 pour 10 € l'entrée (ateliers compris). Pendant ce temps, les parents peuvent s'offrir un film interdit aux mineurs !

## Recruter un(e) baby-sitter

*Les assistantes maternelles ne gardent pas que des bébés, elles peuvent aussi accueillir des enfants de moins de douze ans en périscolaire, quand elles ont un agrément pour le faire.*
→ Chap. 8.

Trouver un ou une baby-sitter pour le mercredi et la sortie de l'école est parfois plus compliqué que de recruter une personne à plein temps pour garder un bébé ! Pourquoi ? Parce que les personnes intéressées par ce type de job sont pour la plupart des étudiants et que les cours finissent rarement à 15 h 30. Les emplois du temps des facs changent en cours d'année et les examens ont lieu au moins deux fois par an. Certains parents prévoient d'ailleurs deux, voire trois, baby-sitters dans leur dispositif. Chaque étudiant recruté ouvre son réseau : ses copains, ses collocs, ses petit(e)s ami(e)s, ses frères et sœurs...

Autre solution ? Embaucher des personnes plus âgées ou même retraitées qui cherchent un emploi avec peu d'heures dans la semaine. Elles sont parfois plus fiables dans la durée que les étudiants.

Piste importante à ne pas négliger : le réseau de parents. Repérez ceux qui attendent leurs enfants à la sortie de l'école à 16 h 30, payez-leur un café (voire une coupe de champagne) et notez leur numéro de portable. Si la baby-sitter appelle à 16 h 25 pour dire qu'elle est coincée à l'autre bout de la France, il vous restera une chance de vous en sortir.

## Où trouver un(e) baby-sitter?

### Par le bouche-à-oreille

Cela paraît évident, mais beaucoup n'y croient pas. Pourtant, ça marche. Parlez de votre recherche à tout le monde, partout, tout le temps. Même chose pour les petites annonces à la boulangerie, qui sont lues par des gens du quartier.

### Sur les sites d'annonces en ligne

Ce terme générique regroupe plusieurs catégories de site :

- les sites d'annonces gratuits : il suffit de taper « recherche de baby-sitter » dans un moteur de recherche. Le critère de sélection ? La fréquentation ! Allez voir les annonces déposées à la fois par les parents et les baby-sitters, leur nombre, leur fraîcheur. Ciblez les sites locaux quand il en existe. Vous pouvez également déposer une annonce sur www.jcomjeune.com, le site du Centre d'information et de documentation pour la jeunesse (CIDJ), consulté par les étudiants ;

- les sites d'annonces payants : il en existe également beaucoup, leur valeur ajoutée résidant souvent dans la surveillance des candidatures. → p. 209.
- les Parisiens ont la chance d'avoir le nouveau lestribus.paris.fr, ouvert par la mairie de la ville. Parfait pour trouver un(e) baby-sitter qui habite pile dans sa rue. Le site est modéré. Le 31 décembre au soir, il affichait une liste des baby-sitters disponibles par quartiers !

**Dans les facultés ou les écoles spécialisées**

Si vous avez le temps, vous pouvez écrire et coller des petites annonces sur les panneaux d'affichage d'écoles spécialisées (infirmières, sages-femmes, facultés de psychologie...) dont une partie des étudiants se destinent à travailler avec des enfants. Vous pouvez faire de même sur les campus qui logent des étudiants étrangers, s'ils sont proches de chez vous.

**Lors des baby-sittings datings de la rentrée**

- Le CROUS de Paris a déjà organisé six éditions de son baby-sitting dating entre parents et étudiants, à l'initiative de Brigitte Bleyer, conseillère à l'antenne de Pôle emploi. Ce rendez-vous a lieu sur trois jours au mois de septembre. Chaque parent dispose d'un créneau d'une heure et demie pour prendre contact avec une dizaine d'étudiants. Inscriptions au 01 40 52 29 05 à partir de fin août (de 9 h 30 à 12 h 30 et de 14 heures à 16 h 30) : CROUS, 39, avenue Georges-Bernanos, Paris 5e, www.crous-paris.fr.
- Le Centre d'information à la jeunesse (CRIJ) de Besançon organise lui aussi des « rencontres baby-sitting » à la fin du mois d'août, en partenariat avec la Fepem. Renseignements sur www.jeunes-fc.com.

## Le TripAdvisor de la baby-sitter

Récemment sont nés des sites qui fonctionnent sur lesquels les candidats remplissent une fiche avec leur photo et leurs disponibilités et les parents peuvent laisser des commentaires et partager leurs recommandations via Facebook. L'idée est bonne, cependant il m'a été très facile de poster sur un de ces sites un commentaire (gentil) sur une jeune fille que je n'avais jamais vue de ma vie. Certains avis ressemblent d'ailleurs à ceux qu'on peut lire sur Amazon (« Ce livre est formidable, il a changé ma vie, je vous recommande vivement de l'acheter »)...

Ces sites sont néanmoins assez fun à utiliser et ils listent, eux aussi, les baby-sitters disponibles le 31 décembre. Les pionniers de ce principe sont :

– yoopies.fr : vérifie les profils des candidats qui payent et envoient leurs documents (carte d'identité, CV, diplômes...), afin de bénéficier de la mention « profil vérifié ». J'ai trouvé sur ce site une baby-sitter, donc merci ;

– www.famihero.com vérifie gratuitement les pièces d'identité et les diplômes sur la base d'une transmission volontaire (25 % des profils environ). Il vérifie également les références et indique rejeter 20 % des annonces ;

– en moins « 2.0 », vous avez aussi Cnikel, www.cnikel.com : il téléphone aux candidats qui s'inscrivent sur le site, met en ligne des infos sur l'embauche d'un salarié à domicile et propose un service d'accompagnement téléphonique.

## Les astuces des parents « pro »

Pour l'organisation de l'entretien de recrutement, je vous renvoie vers le chapitre sur l'emploi d'une salariée à domicile. Il sera loin d'être aussi drastique mais vous pourrez vous inspirer de l'esprit général.

→ p. 154.

Certains parents sont passés professionnels de la sélection de baby-sitters. Voici leurs conseils :

- L'expérience prouve que tout sentiment d'étrangeté lors de la lecture de l'annonce ou de l'échange de mails est à prendre en compte. Cette jeune Brésilienne a l'air top mais pourquoi cherche-t-elle un baby-sitting à trente-cinq ans avec un diplôme d'architecture et un LLM en droit international à Singapour ?
- Ne pas se laisser impressionner par les annonces trop « marketées ». Par exemple, l'étudiant en médecine qui se prétend capable de « révéler les talents cachés des enfants ». Et de transformer des foulards en petits lapins ?
- La distance est-elle un critère discriminant ? Non, pour une nounou à plein temps. Oui, pour un(e) baby-sitter sortie d'école. Deux ou trois heures de travail par jour, si on habite trop loin, ce n'est simplement pas rentable.
- Il se peut que l'étudiante qui avait l'air ultra-motivé(e) dans son annonce ne vous rappelle pas. C'est dur, mais il existe une loi humaine selon laquelle on ne rappelle que si on a vraiment besoin du job. Il n'est pas rare de se faire planter au moment du rendez-vous. Ça, c'est très énervant ! Les sites de petites annonces vous proposent d'ailleurs de le signaler. N'hésitez donc pas à contacter plusieurs candidat(e)s.
- Si vous en avez les moyens, des baby-sittings réguliers le soir sont un moyen de fidéliser un(e) étudiant(e) pour la sortie d'école.

*Si vous avez un endroit pour la (le) loger vous pouvez également opter pour la solution de la (du) jeune au pair*

→ p. 180.

- Certains parents ne fixent que deux critères : être fiable et joyeux :

> *« Je ne demande que deux choses : prévenir à l'avance si un jour on ne peut pas venir et jouer aux Lego », résume Barbara mère de deux garçons de quatre et neuf ans.*
> *« Avec l'expérience j'ai constaté que savoir jouer avec les enfants était une compétence centrale », affirme Sébastien, père de trois enfants de six, neuf et douze ans.*
> *« Peu importe si elle ne réussit pas à ranger correctement les chambres, pourvu qu'il y ait de la vie à la maison », confirme Anne, mère d'une fille de dix ans.*

Cela ne vous empêche pas de lui montrer comment ranger les chambres : un truc en moins sur votre « to do list ».

- Passez le temps qu'il faut à le (la) briefer. Faites le tour de la maison avec lui (elle), parlez-lui de ce qui rassure vos enfants, de ce qu'ils aiment. Prévoyez au début un emploi du temps heure par heure (de 17 heures à 17 h 30 : goûter, de 17 h 30 à 17 h 50 : devoirs, etc.) et par jour de la semaine (avec les activités extrascolaires). Laissez-lui une liste de plats simples que les enfants aiment si vous lui confiez les repas du soir. Même si ça paraît évident, rappelez-lui qu'elle doit donner la main à vos enfants pour traverser et respecter les feux et les passages piétons, ne pas les laisser seuls dans le bain, garder un contact visuel au square, etc.
- Accompagnez-le (la) à l'école la première fois. Souvenez-vous qu'à la rentrée 2013, une baby-sitter est partie avec le mauvais enfant !
- Certain(e)s baby-sitters ne veulent pas être déclaré(e)s car cela a un impact sur le montant de la feuille d'imposition de leurs parents. Sachez quand même que jusqu'aux six ans

de votre enfant vous avez droit à des aides à la garde (via la PAJE) et que vous pouvez déduire de vos impôts 50 % des sommes que vous versez à votre baby-sitter quel que soit l'âge de vos enfants. Et que le travail au noir est illégal.

- Pour plus de huit heures par semaine, vous devez lui faire signer un contrat. N'oubliez pas de prévoir une période d'essai (un mois renouvelable une fois). Pour tout ce qui concerne le contrat je vous renvoie au chapitre sur l'emploi d'une nounou à domicile. → p. 147.
- Soyez patient. Tout le monde a besoin d'un peu de temps pour prendre ses marques. Accompagnez-le (la) au début, surtout s'il (elle) est jeune. N'hésitez pas à être un peu directif sur les consignes, c'est plus rassurant que de devoir s'organiser seul.

> *« La baby-sitter de Jules et Iris est super, se félicite Alexandre, mais je dois la recadrer de temps en temps. Lui rappeler par exemple de ne pas avoir de conversations ou de tweets perso sur son portable pendant qu'elle est avec mes enfants. »*

Quand vous interrogez les baby-sitters sur leurs pires souvenirs, arrivent en numéro un certaines rigidités parentales non expliquées aux intéressées et témoignant d'une certaine → Chap. 9. méfiance (« Je n'avais pas les clés de la maison et je devais les occuper dehors jusqu'au retour de leur mère », « J'avais pour consigne de faire avaler des brocolis aux enfants tous les soirs, invariablement », « Un jour j'ai pris un Kiri dans le frigo, je suis devenue Al Capone »). Ensuite, avant les problèmes de non-paiement à la date prévue, viennent certaines remarques, très maladroitement formulées sous le coup de l'énervement pour des événements minimes (« J'ai arrêté le feu sous un faitout qui cuisait depuis une heure. Je me suis fait traiter d'"idiote" car le plat devait mijoter longtemps », « J'ai organisé un atelier céramique avec l'enfant que je gardais le mercredi matin. J'ai envoyé une photo à la mère qui m'a simplement répondu que c'était "déstructurant de laisser un enfant en pyjama" », « Le ton est monté quand j'ai signalé que je serai absente pour une journée le mois suivant... »).

Relisez les conseils du chapitre 9 : évitez de parler sous le coup d'une émotion, mais surtout pensez à la façon dont vos propos peuvent être reçus, quelles que soient vos intentions.

## Baby-sitter ou baby-sitteuse ?

Autre question, celle du sexe, non pas des anges, mais des baby-sitters. Car, ici encore, les « baby-sitteuses » sont majoritaires.

*« J'insiste sur le fait que c'est bien d'avoir des baby-sitters hommes, remarque Barbara. Quand j'ai embauché Gaël, mon fils avait quatre ans. Au départ, beaucoup de mamans m'ont fait des remarques : "Ah, un garçon ? Et tu lui fais confiance ?" Avec, clairement, un gros sous-entendu. Beaucoup de gens ont des préjugés, les femmes ont autant de préjugés sexistes que les hommes, c'est bien connu. Trois mois après, les mêmes mamans essayaient de me le piquer ! J'insiste sur le fait que les jeunes gars sont aussi compétents que les jeunes filles pour s'occuper des enfants. Parfois ils jouent même plus et ils ne les maternent pas. Nous ne sommes pas en concurrence, eux et moi. Et puis, ils sont mignons ! »*

*« Je fais parfois appel à un adolescent de dix-neuf ans, qui habite dans le même immeuble que moi, pour garder mes enfants, raconte Lara, mère de Zoé, trois ans, et Max, huit ans. Un jour je croise sa mère dans l'escalier, on discute. Elle me dit, au fil de la conversation, qu'elle et son mari sortaient beaucoup quand ses enfants étaient petits. Je demande : "Ah bon, mais comment trouviez-vous vos baby-sitters ?" Elle me répond : "Déjà première règle, jamais de garçon !" Avant de comprendre l'énormité de ce qu'elle venait de me dire, à moi, qui confie mes enfants à son fils... »*

### BESOIN D'UNE SOLUTION EN URGENCE?

– L'association SOS Urgence Maman dépanne temporairement les parents en cas d'imprévu (défaillance de la garde habituelle, maladie, rendez-vous imprévu, etc.) Le relais est assuré par des bénévoles et la participation est laissée à l'appréciation des familles. Le réseau fonctionne dans quinze villes de France dont Paris, Lyon, Nantes, Le Mans et Rennes: www.sosurgencesmamans.com.
– Le FASTT (Fonds d'action sociale du travail temporaire) a créé un service national de garde d'urgence «SOS garde d'enfants» dont le numéro est le 0 800 28 08 28. Renseignements: gardedenfant.fastt.org.
– L'association Depanne famille intervient à Lyon et facture en fonction des revenus des familles jusqu'à quarante heures de garde dans l'année: www.depannefamilles.com.
– L'association Depann' familles en Isère intervient aussi auprès d'enfants porteurs de handicap: www.depann-familles.fr.

## Le tour de France des tarifs du baby-sitting

Combien coûte un baby-sitting? Minimum le Smic bien sûr mais, comme il s'agit de peu d'heures, les tarifs pratiqués sont un peu plus élevés que pour la garde à plein temps. Le site Yoopies a effectué en 2013 une enquête auprès de ses membres et des lecteurs du blog «Serial Mother». D'après la moyenne des résultats, la ville la plus chère serait Saint-Cloud (92): 9,83 €/h, la moins chère serait Vannes: 7,25 €. Sans surprise, l'Île-de-France est la région où les tarifs de baby-sitting seraient les plus élevés (8,72 € en moyenne), suivie par l'Aquitaine (8,35 €), la région PACA (8,31 €), le Languedoc-Roussillon (8,19 €) et le Midi-Pyrénées (8,14 €). Les régions où les tarifs seraient les plus bas ? La Bretagne (7,66 €), les Pays de la Loire (7,72 €), la Picardie (7,82 €), le Poitou-Charentes (7,84 €) et la Haute-Normandie (7,88 €). À vérifier autour de vous...

## Faire appel à une société de services

Depuis le « plan Borloo », qui a favorisé en 2005, leur émergence, des sociétés privées (entreprises ou associations) offrent leurs services d'intermédiaires entre les employeurs et les salariés à domicile : garde d'enfant, aide aux personnes âgées, ménage, jardinage, bricolage, cours de soutien scolaire, etc. Ces sociétés ou associations de service à la personne sont de deux sortes : les mandataires organisent la sélection des baby-sitters, mais ce sont les parents qui sont les employeurs directs ; les prestataires sélectionnent les baby-sitters et les emploient eux-mêmes (certaines sociétés proposent les deux formules). Une délégation (d'une partie) des soucis pratique mais qui n'est pas donnée !

Il existerait cependant en France 10 564 sociétés spécialisées dans la garde des enfants de plus de trois ans !

### Combien ça coûte ?

En mode mandataire, la sélection coûte en moyenne entre 400 et 800 €, que vous payerez en une fois ou par abonnement mensuel.

En mode prestataire, selon l'âge de vos enfants et votre lieu d'habitation, l'heure est comprise en moyenne entre 19 et 26 € de l'heure. C'est-à-dire jusqu'à 7 € de différence par heure entre deux agences...

Bien souvent, la facturation se fait au quart d'heure près. Quand le (ou la) baby-sitter arrive ou repart, il (elle) flashe un code avec son téléphone ou appelle un numéro avec votre fixe.

Quand vous faites appel à une société prestataire pour garder vos enfants, vous avez droit aux aides de la CAF (complément du libre choix du monde de garde), comme quand vous employez votre baby-sitter « en direct ». Cependant celles-ci sont plus élevées, entre 200 et 400 € de plus par mois en moyenne, selon l'âge de l'enfant.

## Comment comprendre les prix des prestataires de service?

Entre tarifs horaires avant ou après remise au volume (plus vous prenez d'heures, moins l'heure coûte cher), tarifs avant ou après aide de la CAF, tarifs avant ou après réduction d'impôts, les plaquettes de prix de ces sociétés ressemblent souvent à un problème d'algèbre de seconde. Certaines font un effort de pédagogie sur leurs devis, merci, mais pas toutes. Bien souvent, le prix final horaire affiché en rouge est le prix « TAD » (« toutes aides déduites » : ce terme n'existe pas en langage officiel). Or le temps de toucher ces aides, vous avancez les frais. Donc :

- Regardez d'abord le tarif horaire avant toute aide, quelle qu'elle soit : c'est ce que vous devrez verser chaque mois à la société ;
- ajoutez les éventuels « frais de dossier » ;
- déduisez de ce montant les aides que la CAF vous versera chaque mois.

Multipliez le montant mensuel par le nombre de mois où vous aurez besoin d'une garde (donc, enlevez les vacances) et déduisez 50 % de ce montant (le crédit d'impôt est plafonné). Vous obtiendrez le coût réel du service dans un an (c'est-à-dire quand vous payerez vos impôts).

Alors, ça vaut le coup ? Un des avantages financiers non négligeable de ces services est que vous ne le payez pas quand vous êtes en vacances (mais la baby-sitter non plus n'est pas payée, sauf si la société lui trouve un autre travail pendant ce temps-là).

Les aides de la CAF étant forfaitaires (elles ne dépendent pas du nombre d'heures), elles sont plus élevées quand l'enfant a moins de trois ans[1]. Donc pour un petit volume horaire et quand un de vos enfants a moins de trois ans, cela peut être plus intéressant que dans la situation inverse. Si votre enfant a plus de trois ans, les aides de la CAF pour l'emploi d'un prestataire diminuent. Elles s'arrêtent quand il a six ans (comme pour l'emploi « en direct »).

## Quelles sont les prestations offertes?

Comme pour les mandataires, il semblerait que la qualité du service rendu par les sociétés prestataires soit dépendante de la personne qui gère l'agence. Pour le recrutement, même constat. Dans certaines agences, les candidats passent un entretien en face à face. Dans d'autres, ils sont recrutés sur simple coup de fil !

Alors quel intérêt ? Disons que, même avec une sélection pas terrible, ces sociétés vous aident à résoudre le dilemme du choix en réduisant les possibilités (elles ne vous présentent que quelques candidats). Ensuite, elles font office de

1. Pour toucher ces aides, vous devez acheter au moins seize heures par mois et 15 % du montant reste à votre charge.

« tiers » entre la baby-sitter et vous. Cette formule est censée vous éviter les tensions autour du calcul du salaire notamment – en pratique, c'est un peu plus compliqué, car c'est quand même vous qui managez leur salarié au quotidien. Elle vous garantit le remplacement en cas de défection de votre baby-sitter habituelle. Sur le papier c'est très rassurant, mais, dans la vraie vie, si elle vous plante la veille au soir, personne ne pourra aller chercher vos enfants au pied levé le lendemain sans votre présence. Par ailleurs, les délais de remplacement semblent varier d'une société à l'autre.

**Qu'en disent les parents utilisateurs[1] ?**

*« J'ai fait appel à un prestataire après avoir essayé de recruter moi-même une personne pour s'occuper de mon fils de trois ans, raconte Kim. Je craignais de m'engager, d'être empêtrée dans une relation contractuelle compliquée. J'ai fait appel à une toute petite société qui venait de se monter sur le thème de l'éveil, dont un copain m'avait parlé. La responsable d'agence accompagnait les candidates pour les entretiens d'embauche, c'est dire si c'était à l'époque du sur-mesure ! Elle ne m'a présenté que des filles extra : fiables, sympas, responsables, joyeuses. Depuis cette société a grandi et je ne sais pas si le service est resté aussi personnalisé qu'au début, mais cela fait cinq ans que je travaille avec eux et ça s'est toujours très bien passé. Est-ce que je vais continuer ? Mon dernier fils va avoir trois ans, les aides de la CAF vont baisser, donc cela risque de me coûter trop cher. »*

*« Pour aller chercher mon fils de deux ans à midi à l'école et le garder l'après-midi j'ai fait appel à une grosse société prestataire qui m'avait été recommandée par une collègue de travail, raconte Katel. Elle m'a présenté deux candidates. Une qui avait de l'expérience mais qui m'a tout de suite annoncé qu'elle ne cuisinait pas et qu'il faudrait que je prépare les repas moi-même*

1. Ces témoignages sont tous parisiens.

*le matin avant de partir. Une jeune, plus avenante, qui n'avait pas d'expérience avec les enfants mais qui souhaitait s'inscrire en CAP petite enfance. C'est elle que j'ai choisie. Elle a commencé à travailler en septembre. En novembre, elle m'a annoncé que la société avait (enfin) appelé ses références, c'est-à-dire... son père ! Elle avait donc commencé chez moi sans que rien dans son CV n'ait été vérifié. Elle devait faire une formation au secourisme qu'elle n'a jamais obtenue. La société ne la rappelait pas quand elle cherchait à les joindre. Elle a fini par démissionner, j'ai immédiatement arrêté de travailler avec ce prestataire. »*

*« J'ai fait appel à un prestataire pour la journée du mercredi, raconte Sabrina. Après trois tentatives (une baby-sitter dont l'emploi du temps a changé, une deuxième qui a trouvé un autre travail, une troisième, dépassée, qui laissait mes enfants devant la télé...), la quatrième est restée... un mois. Sa mission ? Récupérer mes enfants à la sortie de l'école à 11 h 30, les nourrir puis les conduire au conservatoire où le grand était inscrit. J'ai senti que c'était beaucoup d'allers et retours pour elle ! Elle a démissionné en m'appelant un mardi soir à 21 h 30 en expliquant qu'elle était allergique aux chats. Après beaucoup de temps passé au téléphone avec la société (je n'ai jamais eu le même interlocuteur), cela s'est bien terminé car ils m'ont présenté une dame de cinquante-cinq ans qui s'occupe de mes enfants depuis plusieurs mois. Elle est fiable. Mais je ne peux pas dire que je me sois sentie "accompagnée" par cette société. »*

*« Je fais appel à un prestataire depuis trois ans pour aller chercher mes enfants à l'école, raconte Alice, mère de deux garçons de cinq et sept ans. Nous avons eu deux intervenantes. Chaque fois nous avons choisi la première que la société nous a présentée. D'abord une dame de cinquante ans, super, qui est restée un an. Puis nous n'avons plus eu besoin d'elle le mercredi, donc elle a préféré arrêter. Ensuite une jeune fille de dix-neuf ans. Super aussi. Les deux n'ayant jamais été malades, je n'ai pas eu besoin de les faire remplacer. Cependant j'ai appelé la société un matin*

*pour un baby-sitting en urgence car un de mes fils était malade et je devais absolument partir travailler (ils proposent un service de dépannage en une heure). Ils m'ont annoncé qu'ils cherchaient quelqu'un, mais ils ne m'ont jamais rappelée ! Il m'est arrivé d'annuler une garde pour la semaine suivante. On m'a répondu que toute prestation non annulée quinze jours avant était due. Pourtant, ce que vous vendent ces services, c'est de la souplesse. J'ai refusé, ça s'est négocié. Les appels sont gérés par une centrale nationale : pas hyperpersonnalisé. »*

Les agences peuvent-elles vous prémunir contre l'effet « étudiant » (changement d'emploi du temps, examens...) ? Non. En revanche, pour offrir plus de stabilité, la plupart se sont tournées vers le recrutement de femmes de quarante-cinquante ans, de retour sur le marché du travail après avoir élevé leurs enfants. D'autres vers les « mamy-sitters ».

Quelles sont les garanties de ces sociétés ? Les contrôles de l'État sont faibles en réalité et portent essentiellement sur les sociétés tenues de solliciter un agrément pour la garde des moins de trois ans. → Chap. 9.

## Les questions à se poser

Si vous envisagez cette formule :

- Demandez combien sont payés les salariés qui viendront s'occuper de vos enfants. Les tarifs pratiqués en emploi direct pour de la sortie d'école sont autour de 9 € net de l'heure en région parisienne.
- Appelez plusieurs sociétés ou associations. Demandez des devis et vérifiez-les. Lors de nos tests une grosse société donnait des informations inexactes sur les aides de la CAF. Écoutez votre feeling : êtes-vous accueilli(e) gentiment au téléphone, prend-on le temps de vous expliquer le fonctionnement ? Les tarifs sont-ils présentés de façon

claire ? Si des majorations sont facturées en plus (garde partagée, éveil « spécial »), demandez si c'est justifié. Vous oriente-t-on vers la formule la plus avantageuse pour vous ? Un suivi des prestations est-il prévu ?

- Posez des questions sur le processus de recrutement. La société fait-elle passer des entretiens en face à face ? Selon quels critères sont sélectionné(e)s les baby-sitters ? Interrogez les candidat(e)s sur la manière dont ils (elles) ont été recruté(e)s.
- Soyez attentif à la qualité de la prestation : vous appelle-t-on après les rendez-vous de recrutement ? Vous appelle-t-on pour savoir si tout va bien quand la (le) baby-sitter est en poste ? La société lui a-t-elle proposé des formations ?
- Vérifiez que cette formule « prestataire » reste rentable compte tenu du nombre d'heures dont vous avez besoin.

Le soutien à ce secteur est assez coûteux pour la société, il le serait cependant moins que le développement de solutions collectives (compte tenu des faibles rémunérations des personnes employées) !

### → Comment trouver une société de services à la personne ?

- Sur le site de la DGIS : www.dgcis.gouv.fr (rubrique service à la personne, annuaire).
- Ou appelez le 32 11.

(L'Agence nationale des services à la personne a été supprimée fin 2013.)

### ATTENTION AUX CLAUSES ABUSIVES

Le 24 avril 2012, la commission des clauses abusives a rendu un avis sur les contrats de services à la personne. Une clause est considérée comme abusive quand elle crée un déséquilibre important entre les droits et les obligations des parties au contrat, au détriment d'un non-professionnel ou d'un consommateur. C'est-à-dire vous, parent.

La commission a relevé vingt-quatre clauses abusives dans les contrats de services à la personne (mandataires et prestataires), parmi lesquelles : autoriser le professionnel à modifier le prix de la prestation de service, en cours d'exécution du contrat, en dehors des cas légalement prévus ; restreindre ou exclure la responsabilité du professionnel en cas de mauvaise exécution de ses obligations ; imposer le prélèvement automatique comme unique mode de paiement ; permettre au professionnel de ne pas fournir la prestation convenue en cas de maladie de l'intervenant, hors le cas de force majeure ; laisser croire au consommateur ou au non-professionnel que l'avantage fiscal prévu pour l'emploi de personnes à domicile lui est automatiquement acquis...

Les recommandations de la commission des clauses abusives ne sont pas obligatoires. Les sociétés sont donc libres de les suivre ou non. Cependant, en cas de litige, les tribunaux se réfèrent aux avis de cette commission et peuvent annuler les clauses considérées comme abusives.

Renseignements sur www.clauses-abusives.fr ; onglet « recommandation », 12-01 « Services à la personne ».

## Déléguer : mode d'emploi

« Je n'arrive pas à lâcher sur le bain ou le repas, avoue Jeanne mère de deux enfants de trois et sept ans. Pourtant certains soirs j'aimerais bien rentrer et n'avoir rien d'autre à faire que lire une histoire à mes enfants. » Quitte à payer une personne pour s'occuper de vos enfants, pourquoi ne pas lui déléguer ce qui vous pèse le plus ?

> *« S'acquitter des soins quotidiens c'est important, mais moins fondamental que d'être là aux moments clés, porteurs de sens pour les enfants : périodes de faiblesse (maladies, échecs, peines d'amitié), étapes fondatrices de la vie scolaire et extrascolaire (examens, fêtes, sorties avec l'école), considère Sylviane Giampino. Il vaut mieux être là au spectacle de fin d'année ou assurer une sortie scolaire, que de faire des acrobaties pour donner le bain tous les soirs dans la tension ou l'épuisement*[1]. »

Car être avec ses enfants ne signifie pas qu'on est disponible psychiquement pour les écouter ou s'amuser avec eux.

> *« Les parents "qui n'ont pas le temps" ont souvent la tête pleine de tout ce qu'ils ont à faire, de tout ce qu'ils devraient faire, avec le sentiment de ne jamais en faire assez, poursuit Sylviane Giampino. Cette culpabilité peut parfois prendre trop de place et inhiber le plaisir d'être avec ses enfants. »*

Il n'est pas toujours facile de s'autoriser à sortir de l'engrenage d'habitudes que sont parfois nos vies actives. Un bon dosage de baby-sitting devrait pouvoir nous aider à l'assouplir un peu.

---

1. Laure Leter, « C'est quoi un parent "présent" ? », *Elle*, 28 février 2009.

> *« Ce que les enfants aiment avant tout, c'est que leurs parents aient plaisir à être avec eux, constate Anne, mère de trois enfants. Je dis à mes copines que, plutôt que d'arriver tous les soirs à 19 h 30, excédées, fatiguées, elles peuvent essayer de rentrer un soir à 17 h 30 et le lendemain passer directement du bureau au ciné. Et puis aller dîner et rentrer à 1 heure du matin. En général, elles me répondent : "Ne pas rentrer le soir ? Et revenir à 17 h 30 ?" J'insiste : "Si tu rentres deux fois à 19 heures, une fois à 17 h 30, et qu'une fois tu restes au travail jusqu'à 21 heures, sur le papier tu fais le même boulot !" Alors bien sûr tous les métiers ne permettent pas d'échapper aux horaires et aux longs temps de trajets. Mais quand c'est possible, profitons-en pour respirer ! »*

Le bon usage du baby-sitting, c'est aussi soulager les parents lorsqu'ils sont à bout.

> *« À certains moments, il faut savoir lâcher, confirme Marion, mère de cinq garçons de dix-huit ans à trente-sept ans. Quand mes jumeaux étaient petits, le dimanche était souvent un moment difficile, surtout en hiver quand nous étions coincés à la maison : la tension montait progressivement à partir de 15 heures et en fin de journée nous étions épuisés par leurs cris. Le bain et le dîner étaient devenus des épreuves ! Et puis une amie m'a dit : "Pourquoi tu ne prendrais pas une baby-sitter à 17 heures pour aller au cinéma avec ton mari ?" C'est ce que j'ai fait et ça a été formidable ! Je passais une excellente fin d'après-midi, mon mari était ravi, nous rentrions tous les deux détendus à 21 heures pour retrouver nos garçons baignés, nourris et calmes. Mais pour essayer cette (bonne) solution il m'a fallu surmonter ma culpabilité de ne pas être présente une partie du week-end alors que je travaillais la semaine ! »*

Être en relation avec ses enfants ne signifie pas non plus se forcer à faire des jeux ou des activités que l'on n'aime pas en se disant que c'est bon pour leur santé ou leur réussite scolaire.

> *« Les parents transmettent le plaisir de vivre en partageant des activités qui les rendent eux-mêmes joyeux, souligne la psychanalyste Claude Halmos*[1]*. Les enfants sentent quand on a envie de faire des choses avec eux. D'où l'importance de ne pas se forcer à jouer si on n'aime pas ça. Car, si on s'ennuie dans une activité avec un enfant, il croit que c'est lui qui n'est pas intéressant. »*

Voir des amis, préparer un repas de fête, bricoler, aller au musée, voir un vieux film, écouter des chansons des années quatre-vingt, participer à une manifestation...

> *« Transmettre ce qu'on aime, ce qui nous mobilise, ce qui nous fait plaisir, éveille la curiosité de nos enfants et leur intelligence plus sûrement que de pédagogiser chaque instant passé avec eux », conclut Sylviane Giampino.*

Faire sécher la cantine à sa fille pour déjeuner avec elle un jour de RTT, rentrer plus tôt et l'emmener déguisée au supermarché, zapper le bain et dîner de tartines accompagnées d'un bol de chocolat chaud... chaque parent a ses techniques pour desserrer un peu l'étau de la routine et des « il faut » (être là tous les soirs à 19 heures pile, se laver tous les jours, manger sain...).

> *« Les habitudes rassurent les enfants, mais, s'il n'y avait que ça, elles se transformeraient en prison, commente le pédopsychiatre Daniel Marcelli*[2]*. La (bonne) surprise est indispensable car elle permet à l'enfant d'investir l'écart entre la chose attendue et celle qui se réalise, et d'y trouver du plaisir. C'est cette dimension aléatoire qui fait le sel de la vie*[3] *! »*

---

1. Auteur de *Grandir : les étapes de la construction de l'enfant, le rôle des parents*, Fayard, 2012 ; et de *Dis-moi pourquoi ?*, Livre de poche.
2. Auteur de *La Surprise, chatouille de l'âme*, Albin Michel, 2006.
3. Soline Delos, Julia Dion, Laure Leter et Anne-Cécile Sarfati, « Moins de stress, plus de plaisir, 45 conseils pour les éduquer plus cool », *Elle*, 28 août 2011.

### UN CENTRE POUR PARENTS PARISIENS

Entreprendre un bilan de compétence, recevoir un massage, changer de coupe de cheveux, s'allonger au calme pour une sieste, prendre un cours de yoga, déjeuner avec une copine, consulter un ostéo... Autant d'activités difficiles à organiser avec un enfant sur les genoux. Dans le centre Happy Families qui a ouvert début 2014, vous pouvez prendre tous ces rendez-vous, et d'autres encore, pendant que vos enfants sont gardés (au tarif de 4,50 €/heure). C'est où ? En face de la fontaine Nicki de Saint Phalle à Beaubourg !

Renseignements sur happyfamilies.fr.

## Le laisser seul à la maison?

Vous n'avez pas trouvé de solution et vous vous demandez s'il ne serait pas plus simple de le laisser se garder tout seul après l'école[1]. Pas sûr ! Les bonnes questions à se poser.

### Comment va-t-il le vivre?

> *« Un enfant qui quitte l'école et rentre à la maison passe d'un univers social qui est régi par des règles et la nécessité d'un travail, à l'univers familial qui relève essentiellement de l'affectif, analyse la psychanalyste Claude Halmos. C'est donc un changement très important et il a besoin de se retrouver, de parler, d'échanger.*

1. Si la plupart des enfants retrouvent un adulte en rentrant de l'école (en immense majorité les parents), 1 % en primaire, 2 % en élémentaire et 16 % des enfants au collège sont seuls. Insee, « Le temps périscolaire et les contraintes professionnelles des parents », septembre 2011.

> *Si aucun adulte n'est là pour l'accueillir et l'entourer, cette transition est difficile. Une maison vide est vite un désert pour un enfant, même s'il est autonome, intelligent et débrouillard. S'organiser pour le goûter, les devoirs, cela ne va pas de soi. Même pour un adolescent, quoi qu'il en dise, être seul, c'est possible un soir ou deux, mais pas toute la semaine. »*

## Est-il capable de rester seul?

Pour le pédopsychiatre Patrice Huerre[1]

> *« Plus que de l'âge, tout dépend de la confiance que l'on a en l'enfant : respecte-t-il les consignes de sécurité ? Est-il au contraire plus tête en l'air ou aventureux ? L'enfant doit également avoir reçu des explications sur ce qu'il peut faire ou pas quand il est seul. Certains ne mesurent pas les conséquences de leurs actes, même quand ils veulent bien faire : un enfant de huit ans peut se brûler en voulant préparer un dîner surprise pour ses parents. À quinze ans, il aura déjà un peu plus d'expérience de la vie domestique. »*

## Quels sont les dangers?

« Il faut garder en tête qu'un enfant est vulnérable, insiste Claude Halmos. Sans être paranoïaque, il peut advenir des événements ou des rencontres dont il ne saura pas se protéger. » Patrice Huerre ajoute :

> *« Que se passe-t-il s'il arrive un accident et que l'enfant panique ? Ou si à nous-mêmes il arrive quelque chose et que personne ne sait que l'enfant est seul ? Cette situation devrait être exceptionnelle, avec toutes les garanties possibles : un voisin qui a la clé, des proches prévenus et que l'enfant peut appeler, etc. »*

---

1. Voir Patrice Huerre et Stéphanie Rubi, *Adolescentes, les nouvelles rebelles*, Bayard, 2013 (avec Anne Lanchon).

### S'il est gardé par un grand frère, c'est plus rassurant?

> *« Cela peut sembler plus convivial, cependant il ne faut pas idéaliser les relations dans les fratries, tempère Claude Halmos. Les rôles se figent vite : la petite maman, le chef, celui que les autres embêtent... Il arrive que des parents, même très attentifs, ne perçoivent pas que le malaise d'un enfant vient d'une relation problématique avec un frère ou une sœur, laquelle ne se déchaîne véritablement que quand ils ne sont pas là. »*

## Quelles sont les autres solutions?

> *« L'idéal serait que des aides soient accordées aux parents, leur permettant de payer des personnes qui soient présentes jusqu'à leur retour, reconnaît Claude Halmos. Sinon il faut qu'ils s'organisent entre eux. Qu'ils partagent une baby-sitter au domicile de l'un d'eux par exemple. Les écoles pourraient inclure la question de l'accueil à la maison dans les questionnaires de début d'année (l'enfant est-il seul en rentrant chez lui ?) pour aider les parents à organiser des trocs de garde lorsqu'ils sont plusieurs dans le même cas. Des parents chômeurs pourraient également être sollicités pour s'occuper des enfants après l'école, en attendant qu'ils retrouvent un travail en rapport avec leur qualification. Cela leur permettrait de sortir de l'idée – terrible – qu'ils n'ont plus de place dans la société et qui les désespère si souvent. »*

Il est vrai que les solidarités manquent. « Parfois les voisins ne se connaissent pas dans un même immeuble », regrette Patrice Huerre. Ce n'est cependant pas une fatalité : voir l'expérience de Troc Ta Garde (encadré ci-contre).

### Du troc de garde entre parents

« Aujourd'hui si on ne se serre pas les coudes, on ne peut plus y arriver, constate Claire Cauchetier. Ça coûte tellement cher de faire garder nos enfants, qu'on finit par rester cloîtré chez soi ! » Cette mère de Gif-sur-Yvette a eu la bonne idée de créer un site d'échange de garde entre parents : www.troctagarde.com. Chaque fois que vous gardez les enfants d'un autre vous cumulez des points qui permettent de faire garder les vôtres par une famille membre du site. « Souvent les parents hésitent à demander ou bien ils se sentent redevables, ajoute-t-elle. Avec ce système de points, la gêne est en partie levée. Bien souvent les enfants se connaissent déjà, ce sont des copains d'école. » C'est gratuit, moyennant une cotisation annuelle de 12 €. Si vous êtes les premiers de votre ville à vous inscrire, ces frais vous sont offerts ainsi qu'aux familles que vous aurez réussi à convaincre. Le site a également conclu des partenariats avec certaines villes (pour le moment Anthony, Issy-les-Moulineaux et Cannes). Les parents trouveront le troc sur le portail de ces mairies et pourront échanger des avis sur des lieux et activités pour enfants.

À voir aussi : www.scoleo.fr.

# Conclusion

Selon un sondage publié par le site avis de maman.com[1], 62 % des parents interrogés ne se sentent pas soutenus par les institutions dans leurs démarches administratives. 85 % de ceux qui emploient un(e) salarié(e) ont le sentiment de ne pas bien connaître le droit du travail ! Le constat est sévère, mais n'est-il pas le signe d'un manque de pédagogie à l'égard des jeunes parents[2] ?

Comment faire les bons choix si on n'a pas accès aux bonnes informations ? Car, nous l'avons vu, la garde se passe d'autant mieux que les parents se sentent compétents pour accompagner sa mise en place. Or beaucoup ont le sentiment de participer à une tombola ! D'après une enquête du réseau Maman travaille[3], spécialisé dans les

1. Réalisé en 2013 www.avisdemamans.com, site lancé par Elsa Grangier, également chroniqueuse dans l'émission de France 5 « Les Maternelles ».

2. Les sites mon-enfant.fr et pajemploi.fr sont un réel progrès bien que leur approche soit très (trop) institutionnelle.

3. Enquête réalisée en 2013, consultable sur yahoo.mamantravaille.fr. Ce réseau a été crée par Marlène Schiappa, auteure, entre autres, du *Dictionnaire déjanté de la maternité* (Michalon, 2013) et *Les 200 astuces de maman travaille* (Leduc, 2013).

questions de conciliation vie professionnelle et familiale, 44 % des mères considèrent que trouver un mode de garde a été « une épreuve » et qu'elles ont, pour une majorité d'entre elles, obtenu une place « par la chance ».

Améliorer l'offre d'accueil des enfants et l'accompagnement des parents est une priorité car les conséquences sont directes sur l'égalité professionnelle entre les hommes et les femmes.

## La question des modes de garde impacte surtout le travail des femmes

39 % des mères déclarent que leur activité a été modifiée après la naissance d'un enfant (changement de statut, d'horaires, d'intensité du travail ou arrêt de travail) contre seulement 6 % des pères[1].

Bien sûr, en France, les mères qui travaillent ne sont pas stigmatisées comme peuvent l'être par exemple les *Rabenmutter* allemandes[2]. Les Françaises ont à la fois un fort taux d'activité (autour de deux enfants par femme, un des plus élevés d'Europe, avec l'Irlande) et un fort taux d'emploi[3].

1. « Vie professionnelle et naissance : la charge de conciliation repose essentiellement sur les femmes », Ariane Pailhé et Anne Solaz, *Population et société*, n° 426, septembre 2006. 54 % des femmes quittent leur emploi contre seulement 7 % des hommes ; les réductions de temps de travail concernent 22 % des femmes et 6 % des hommes

2. « Mères corbeaux », qui se détournent des oisillons tombés du nid

3. 83,9 % des 25-49 ans en 2011. Le taux global d'emploi des femmes de 64,6 % en 2011 situe la France légèrement au-dessus de la moyenne européenne (62,3 % pour l'Union à 27 membres). Il est de 73,8 % pour les hommes. 60 % des enfants de moins de six ans grandissent au sein de couples « bi actifs ».

*Le taux d'activité est cependant proportionnel au nombre d'enfants*: 69,2 % des mères d'un enfant de moins de trois ans travaillent; elles sont 59,6 % avec deux enfants et ne sont plus que 36,2 % avec trois enfants[1]. L'emploi des hommes reste supérieur à 90 %, quel que soit leur nombre d'enfant. Et, comme le constate la sociologue Dominique Meda[2], l'absence de mode de garde reste un «facteur de rationnement du travail féminin»: 380 000 personnes environ cessent de travailler chaque année pour s'occuper de leurs enfants, en quasi-totalité des femmes dont près de la moitié auraient préféré continuer[3]. À la question «Qu'est ce qui vous aurait permis de poursuivre votre activité?», 45 % répondent: «Un changement dans l'offre de garde[4].»

Selon le sondage[5] réalisé à l'occasion des seconds états généraux de la femme, initiés par le magazine *Elle* en 2010, les problèmes d'organisation liés à la garde des enfants apparaissent comme le principal problème pour concilier au mieux vie professionnelle et familiale pour 51 % des femmes interrogées. Ce sont les professions libérales, les cadres et les Parisiennes qui semblent connaître le plus de difficultés, même si leurs moyens financiers le leur permettent[6].

1. Sources: Source: INSEE, enquêtes Emploi, traitement DREES. Ces taux remontent quand les enfants ont plus de trois ans à respectivement 73,2 pour les mères de un enfant; 59,6 % pour les mères de deux enfants, 66 % pour les mères de trois enfants.

2. Dominique Meda, *Le temps des femmes. Pour un nouveau partage des rôles*, Champs Flammarion, 2008.

3. Anne Solaz et Ariane Pailhé, *Entre famille et travail. Des arrangements des couples aux pratiques des employeurs*, La Découverte, 2009.

4. «Problématiques et voies de réformes du complément de libre choix d'activité». Note adoptée par le Haut Conseil à la famille le 11 février 2010.

5. Sondage *Elle* Ifop en mai 2010. Cf. numéro de *Elle* spécial États généraux de la femme du 7 mai 2010.

6. Le développement des modes de garde était d'ailleurs la première proposition du livre blanc qui a été remis au gouvernement par *Elle* à l'issue de ces états généraux.

Les acrobaties auxquelles elles sont contraintes engendrent parfois une telle accumulation d'anxiété vis-à-vis de leur travail et de culpabilité vis-à-vis de leur enfant que certaines préfèrent jeter l'éponge, même parmi les plus diplômées[1].

Or les arrêts de travail ont le plus souvent un impact sur les trajectoires professionnelles des femmes en termes de statut, de temps de travail, de progression salariale, de prise de responsabilité. Chaque année d'interruption entraîne une baisse moyenne de salaire d'environ 10 %, qui ne s'estompe pas dix ans après[2]. À cela s'ajoute l'effet sur le montant des retraites, lié notamment à l'absence de cotisations durant le congé parental[3].

> *« Le piège c'est de penser qu'entre le prix de la garde et les impôts, ça ne vaut pas le coup de travailler,* souligne Anne Cécile Sarfati[4], rédactrice en chef du magazine *Elle* et fondatrice du Forum Elle Active. *Car même si cette équation défavorable est parfois difficile à assumer, elle est transitoire. Continuer à travailler c'est souvent se projeter dans une meilleure situation professionnelle quand les enfants seront grands mais aussi dans une meilleure situation financière au moment de la retraite. »*

---

1. Voir aussi Claire Leost, *Le rêve brisé des working girls*, Fayard, 2013.
2. Sandra Hoibian et Régis Big, « Les choix d'interruption de carrière des femmes lors de la naissance d'un enfant sont-ils toujours faits en connaissance de cause ? », Credoc, 2013.
3. Laurent Lequien, « Durée d'une interruption de carrière à la suite d'une naissance : impact sur les salaires », *Politiques sociales et familiales*, n° 108, juin 2012.
4. Auteur de *Être femme au travail. Ce qu'il faut savoir pour réussir mais qu'on ne vous dit pas*, Odile Jacob, 2012.

Les interruptions longues sont plus pénalisantes que les courtes, ce qui renforce la dualité entre les mères bien intégrées sur le marché du travail et les mères dans des situations d'emploi précaires, faiblement rémunérées et souvent contraintes au sous-emploi[1].

La situation est encore plus complexe avec un seul salaire. Or, dans près de neuf cas sur dix, la mère a la charge principale de l'enfant en cas de séparation. Une mère monoparentale sur deux dit ne pas arriver à boucler son budget sans être à découvert[2].

> *«J'ai eu récemment l'appel de deux femmes fonctionnaires[3], qui touchent environ 1 200 € par mois et qui dépensent 750 € par mois pour faire garder leur enfant, explique la journaliste Christine Kelly, fondatrice de l'association K d'urgence[4]. Il leur reste 450 € pour vivre : loyer, nourriture, etc. Faites le calcul ! La question qu'elles se posent aujourd'hui est : "Est-ce que j'arrête mon travail ?"[5].*

1. Pauline Domingo, Céline Marc, «Trajectoires professionnelles des mères. Quels effets des arrêts et réductions d'activité ?», *Politiques sociales et familiales,* n° 108, juin 2012. Article cite par le Sénat dans le rapport pour le projet de loi pour l'égalité entre les hommes et les femmes. Le taux de féminisation des emplois à temps partiel dépasse les 82 % et pour 31 % d'entre elles, cette situation est subie. Il augmente avec le nombre d'enfants. Mesuré en équivalent taux plein, le taux d'emploi féminin stagnerait depuis 1995

2. Dossier de presse du projet de loi pour l'égalité homme du ministère des Droits des femmes. (Enquête IPSOS 15 octobre 2012.)

3. Deux femmes policières qui travaillaient jusqu'à 23 heures.

4. www.kdurgences.org. Christine Kelly a publié *Le scandale du silence – Familles monoparentales* (Éditions Léo Scheer, 2012). Avec sa fondation K d'urgence, elle a conclu un partenariat avec huit villes (Paris, Nice, Courbevoie, Angers, Mâcon, Pointe-à-Pitre, Fort-de-France, Ajaccio) qui se sont engagées à libérer des places de crèches pour les familles monoparentales. Via des associations elle attribue 200 € aux familles monoparentales qui en font la demande pour les aider à financer un mode de garde.

5. «Les familles monoparentales touchées de plein fouet par la crise», Émilie Poyard, Elle.fr, 14 novembre 2012.

## La répartition des tâches dans le couple est encore très sexuée

Ce sont encore le plus souvent les mères qui font face aux imprévus (enfants malades) ou aux gardes du mercredi[1], comme l'ont vérifié deux chercheuses à l'Ined, Anne Solaz et Ariane Pailhé[2].

> *« Dans notre enquête il est apparu [que les pères] craignaient une sorte de stigmatisation de leurs supérieurs mais aussi de leurs collègues,* commente Ariane Pailhé, dans le web doc « Qui va garder les enfants ?[3] ». *Certains développent des stratégies alternatives : ils partent sans dire que c'est pour s'occuper de leurs enfants, ils prétextent une réunion, ils quittent l'entreprise sans l'afficher ouvertement.*
>
> *« Les femmes s'occupent des enfants dans la continuité, les hommes dans la discontinuité, le week-end, dans les activités récréatives ou sportives », résume Brigitte Grésy, auteur d'un rapport sur l'égal accès des femmes et des hommes aux responsabilités familiales et professionnelles[4], soulignant néanmoins la difficulté pour les femmes à renoncer à la « toute-puissance de la compétence maternelle ».*

1. L'investissement des pères est plus important lorsqu'ils sont en horaires décalés ou que les parents ne travaillent pas aux mêmes heures, ce qui favorise les relais entre eux. Séverine Maublanc, « Horaires de travail et investissement des pères » in *Entre travail et famille, op. cit.*

2. *Entre famille et travail. Des arrangements des couples aux pratiques des employeurs, op. cit.*

3. Dans le web doc « Qui va garder les enfants ? » www.francetv.fr/nouvelles-ecritures/qui-va-garder-les-enfants.

4. Brigitte Grésy est inspectrice générale des affaires sociales à l'Igas et auteur du rapport « L'égal accès des femmes et des hommes aux responsabilités familiales et professionnelles ». Voir l'article « Mais qui va garder les enfants », *Le Monde*, 7 mars 2011. www.lemonde.fr/idees/article/2011/03/07/mais-qui-va-garder-les-enfants_1489524_3232.html

Rappelons que les femmes assument encore près de 80 %[1] des tâches ménagères. C'est-à-dire : courses alimentaires, préparation des repas, vaisselle, passage de l'aspirateur, repassage du linge, tenue des comptes... En ajoutant le temps passé avec les enfants[2], elles consacrent en moyenne aux activités domestiques deux heures trente de plus par jour que les hommes !

Est-ce donc surprenant qu'elles soient 92 % à déclarer qu'il est difficile de concilier vie professionnelle et vie personnelle, ce que pensent seulement 20 % des hommes[3] ?

Si la question de cette « conciliation » occupe plus d'espace dans le débat public depuis quelques années, elle est encore trop souvent laissée à l'initiative individuelle, comme le raconte pour conclure l'historienne du féminisme Yvonne Knibiehler.

---

1. Ined, « L'arrivée d'un enfant modifie-t-elle la répartition des tâches domestiques au sein du couple ? », *Population et sociétés*, n° 461, novembre 2009. Voir aussi Insee : « Le travail domestique : 60 milliards d'heures en 2010 », *Insee Première*, n° 1423, novembre 2012.

2. Dress mai 2013 : le temps consacré aux activités parentales.

3. Enquête *Elle*-Ipsos, *Elle*, 12 avril 2013. « Elle active, le Forum qui booste les femmes au travail », Julia Dion et Clémence Leveau, elleactive.elle.fr/blog

## ... NOUS N'AVONS PAS ASSEZ PRIS EN COMPTE LA DIMENSION SOCIALE DE LA MATERNITÉ

*Yvonne Knibiehler est historienne du féminisme et de la maternité*[1].

**Dans vos ouvrages, vous constatez que la maternité est encore envisagée comme une affaire privée, laissée à la responsabilité de celles qui mettent les enfants au monde...**

Oui. Tout le monde en convient, la maternité pèse sur les femmes bien plus que la paternité ne pèse sur les hommes. Les pères ont beaucoup changé et je ne nie pas que les choses puissent évoluer en direction d'un rapprochement des rôles de chacun. Cependant, aujourd'hui, les mères doivent faire face à la fois au surmenage et à la culpabilité. Elles sont pénalisées, alors qu'elles rendent un service éminent à la collectivité. La plupart ont pris conscience de cette injustice, mais il faut désormais agir concrètement. Longtemps les mères n'ont pas osé se plaindre. Les féministes des années 1970 et 1980 avaient peur qu'on les renvoie à la maison et que la mise en avant de leur maternité les empêche de se développer sur un pied d'égalité avec les hommes. Elles ne voulaient pas « choisir ». Cette autocensure arrangeait tout le monde. Aujourd'hui les jeunes mères commencent à réagir. Cependant, elles se manifestent encore peu publiquement.

**Pourquoi considérez-vous que le féminisme n'a pas pris à bras-le-corps le thème de la maternité ?**

Le féminisme, qui a permis tant de progrès, a surtout misé sur la liberté du sujet femme. Les féministes, et notam-

1. Auteur notamment de *Histoire des mères et de la maternité en Occident*, PUF, collection « Que sais-je ? », de *Qui gardera les enfants ? Mémoire d'une féministe iconoclaste* (Calmann-Lévy) et de *Questions pour les mères*, à paraître en mai 2014 aux éditions Érès.

ment Simone de Beauvoir, ont perçu la maternité comme une aliénation des femmes à la reproduction de l'espèce. C'était vrai. L'État voulait les obliger à enfanter et celles qui devenaient mères devaient renoncer à développer leurs autres aptitudes. Et cela reste vrai. Cependant la maternité est aussi un épanouissement dont il ne faut pas qu'elles se privent. Beaucoup veulent profiter de leur bébé. Le leur reprocher tient de la misogynie. C'est à elles d'écarter le côté aliénant de la maternité et de développer son côté épanouissant. Or il est difficile pour les femmes de réfléchir à ces questions. Car si elles placent les enfants en avant, elles ont le sentiment de régresser, de retomber dans la maternité idéalisée du XIX$^{e}$ siècle. Il faut trouver des solutions intermédiaires. La maternité est au cœur de la vie de la plupart des femmes et elle peut être un puissant moteur du féminisme. Il me paraît essentiel d'affronter les problèmes qu'elle pose aux femmes. Ainsi que la paternité aux hommes.

**Quelle est la spécificité de la politique française des modes de garde ?**

En France, l'État assume une politique nataliste. Il a inventé la sécurité sociale, il a pris tout en charge. Cependant, si l'État peut collaborer d'une manière très utile et très favorable, je pense qu'il ne faut pas s'en remettre uniquement à lui. Quand l'orientation politique change, les meilleures solutions peuvent être abolies. Par ailleurs, le féminisme d'État est souvent décevant car il n'est pas sans arrière-pensées. Les hommes politiques des années 1950-1960, qu'ils soient de gauche ou de droite, estimaient que les femmes devaient faire des enfants et rester à la maison pour les élever. Je crois beaucoup aux initiatives privées, pas seulement féminines d'ailleurs. Beaucoup d'hommes ne demandent qu'à réfléchir à ces questions. Les employeurs semblent enfin comprendre que s'ils aident leurs salariés qui ont des enfants, ceux-ci seront plus détendus, plus confiants, plus capables. C'est un début.

**Vous appelez au développement de collectifs ?**

Oui, car le système actuel isole chaque femme chez elle. Aucune collaboration n'est vraiment envisagée. En outre, nous assistons au développement d'un marché privé, des microcrèches, des assistantes maternelles qui imposent plus ou moins leurs tarifs et leurs normes de travail en profitant de la pénurie de mode de garde dans les grandes villes. Tout cela relève d'une marchandisation face à laquelle les parents perdent leur pouvoir de contrôle. Je pense qu'ils doivent rester en éveil sur ces questions-là. Qu'ils contrôlent la professionnalisation, qu'ils créent des entraides. Je pense également qu'il faudrait aider les jeunes mères à se former pendant le congé maternité. Aucune ne devrait éprouver le sentiment si pénible d'être à la fois isolée et incompétente. Cela limiterait le risque de tomber dans une sorte de rivalité, de méfiance mutuelle entre des « professionnelles » formées, fières de leur savoir, et des mères qui n'ont pas reçu de formation. Actuellement, les femmes dominent les métiers de l'enseignement, de la santé, une bonne partie du travail social et même les professions de la justice. Dans tous ces métiers elles pourraient confronter leurs intérêts communs. Celles qui viennent d'accoucher n'ont pas la force de déployer leurs énergies pour demander la création de places en crèches, même avec l'appui des pères. C'est bien pour cela que toutes les femmes devraient s'en mêler. En créant des lobbies, des associations. Leur exigence stimulerait celle des hommes. Sans se contenter de propos théoriques, il faut étudier ce qui marche et ce qui ne marche pas. L'idéologie est un moteur mais elle doit être confrontée aux aspects concrets et affectifs de la vie quotidienne.

# Annexes

## Les aides à la garde dont vous pouvez bénéficier

### La prestation d'accueil du jeune enfant (PAJE)

Lorsque votre enfant naît, ou que vous adoptez un enfant, vous êtes concerné(e)s par la prestation d'accueil du jeune enfant (PAJE). Cette prestation (tarifs 2013) comprend :

- une prime à la naissance ou à l'adoption (923 € en versement unique et 1 846 € en cas d'adoption) sous conditions de ressources ;
- une allocation de base (184 € mensuels, sans conditions de ressources, jusqu'aux trois ans de l'enfant) ;
- un complément de libre choix d'activité (CLCA), si vous arrêtez ou réduisez votre activité (jusqu'à un demi-Smic environ) ;
- un complément optionnel de libre choix d'activité (COLCA), à partir du troisième enfant ;
- un complément de libre choix du mode de garde (CMG), qui est une aide à la garde d'enfant quand les parents travaillent.

Il s'agit d'une prise en charge par la caisse d'allocations familiales (CAF) (ou la Mutuelle sociale agricole (MSA) si vous relevez du régime agricole) d'une partie de la rémunération de votre salariée.

Son versement et son montant dépendent de vos ressources, du nombre de vos enfants et de leur âge : elle diminue à partir de trois ans et s'arrête à six ans. Les plafonds sont majorés de 40 % pour une personne qui élève seule ses enfants. Ils sont également augmentés de 10 % pour des gardes de nuit. 15 % du montant des dépenses restent à votre charge.
Ses montants sont différents pour deux catégories de garde :

- l'emploi d'une salariée à domicile ou d'une assistante maternelle à son domicile ;
- le recours à une entreprise ou une association prestataire de services ou à une microcrèche.

**→ Pour connaître ces montants connectez-vous sur**

- www.caf.fr/aides-et-services/s-informer-sur-les-aides/petite-enfance/le-complement-de-libre-choix-du-mode-de-garde ;
- vosdroits.service-public.fr/particuliers, rubrique Allocations destinées aux familles.
- Vous pouvez également effectuer des simulations de vos droits sur le site www.mon-enfant.fr (rubrique calcul du prix d'accueil).

La PAJE comprend également la prise en charge des cotisations sociales à hauteur de 50 % (plafonnés) pour l'emploi d'un salarié à domicile et de 100 % pour l'emploi d'une assistante maternelle. Pour en bénéficier vous devez vous inscrire sur www.caf.fr ou sur www.msa.fr. Ce sont ces caisses qui font parvenir au centre Pajemploi les éléments nécessaires à votre immatriculation comme employeur. Le centre Pajemploi vous envoie alors votre notification d'immatriculation contenant vos identifiants et votre mot de passe temporaire qui vous permettent d'effectuer les déclarations mensuelles sur Internet. Le prélèvement des cotisations restant à votre charge sera automatique.

### IMPORTANT À SAVOIR

En plus des aides de la PAJE, vous touchez également des allocations familiales à partir du deuxième enfant, sans conditions de ressources. Pour voir les aides familiales dont vous pouvez bénéficier connectez-vous sur le site vosdroits.service-public.fr (rubrique particulier-famille-enfant-allocation destinée aux familles de deux enfants et plus). Les personnes qui élèvent seule un enfant peuvent toucher l'allocation de soutien familial (ASF) à partir du premier enfant.

Il existe d'autres prestations familiales pour des situations spécifiques (complément familial, allocation de rentrée scolaire, allocation de présence parentale, allocation d'éducation de l'enfant handicapé...). Voir www.social-sante.gouv.fr (informations pratiques-fiches pratiques-prestations familiales).

## Les autres aides

En plus de la PAJE, vous pouvez bénéficier des aides suivantes :

- **Les déductions fiscales**

Lorsque vous faites garder votre enfant, vous avez droit à un crédit ou une réduction d'impôt pour une partie des sommes versées. Depuis 2007, il s'agit d'un crédit d'impôt (ce qui signifie que si son montant dépasse les impôts que vous devez payer ou si vous ne payez pas d'impôts, le Trésor public vous remboursera cette somme), lorsque les deux parents travaillent, si le parent qui travaille est célibataire, veuf ou divorcé ou si le parent a été inscrit trois mois sur la liste des demandeurs d'emploi. Sinon, il s'agit d'une réduction d'impôt.

- Le crédit d'impôt pour l'emploi d'un salarié à domicile est de 50 % des dépenses engagées avec un plafond de 12 000 € pour les sommes déclarées (15 000 € la première année). Ce plafond augmente de 1 500 € par enfant dans la limite de 15 000 € (18 000 € la première année), soit un crédit d'impôt maximum de 9 000 €.
  Renseignements sur : vosdroits.service-public.fr/particuliers.
- Le crédit d'impôt pour une garde à l'extérieur du domicile (assistante maternelle, crèche, halte-garderie, garderie scolaire, centre de loisirs) est de 50 % des sommes versées, déduction faite, pour l'assistante maternelle, des aides reçues (CAF, employeur...) dans la limite de 2 300 €, soit un crédit d'impôt de 1 150 € maximum.
  Renseignements sur : vosdroits.service-public.fr/particuliers.

Pour en bénéficier vous joindrez à votre déclaration de revenus une attestation fournie par la CAF ou la MSA précisant le montant des prestations reçues. Si vous faites appel à un prestataire de services, il devra également vous fournir une attestation des sommes que vous lui avez versées.

### Les aides locales

Certaines mairies versent aux parents une aide supplémentaire pour l'emploi d'un salarié à domicile (sous conditions). Elles peuvent procurer quelques centaines d'euros et varient selon les départements : Papado à Paris (de 100 à 400 €), Bébédom dans les Hauts-de-Seine, Adage en Seine-Saint-Denis, VO bébé dans le Val-d'Oise...

Il existe également des aides pour l'emploi d'une assistante maternelle.

Consultez la rubrique petite enfance du site Internet de votre mairie.

**Les aides de votre entreprise**

Celle-ci peut vous proposer la prise en charge d'une partie de la rémunération de votre solution de garde, par exemple via des chèques « Cesu préfinancés » (www.cesu.urssaf.fr). Renseignez-vous auprès de votre DRH ou de votre comité d'entreprise.

## Tableau des taux d'efforts pour la garde d'un enfant

Le taux d'effort et le reste à charge des familles reflètent le coût restant à la charge des parents pour la garde d'une enfant une fois déduites les aides publiques.

Voici les indicateurs pour une famille avec un enfant de moins de trois ans.

### Pour un couple d'actifs

*Note :* En 2012, le coût horaire pris en compte pour la garde par un assistant maternel est de 3,16 €, de 8,29 € pour la garde à domicile et de 8,60 € pour l'accueil en EAJE. Les indicateurs sont calculés pour une famille dont les deux membres travaillent et qui a un enfant de moins de trois ans. On suppose pour l'ensemble des modes de garde que la durée de garde est de neuf heures pour dix-huit jours de garde par mois, ce qui conduit à surestimer les coûts et les taux d'efforts effectifs des familles. En effet, la garde du jeune enfant est un service utilisé généralement de façon moins fréquente et moins intensive.

| | | 2006 | 2008 | 2010 | 2012 | 2013 |
|---|---|---|---|---|---|---|
| **Assistant maternel** | | | | | | |
| **2 SMIC** | taux d'effort | 7,4 % | 8,0 % | 9,3 % | 10,6 % | 11,9 % |
| | reste à charge | 155 € | 178 € | 212 € | 255 € | 288 € |
| **4 SMIC** | taux d'effort | 6,6 % | 7,0 % | 7,7 % | 8,3 % | 9,0 % |
| | reste à charge | 257 € | 286 € | 324 € | 368 € | 403 € |
| **6 SMIC** | taux d'effort | 4,4 % | 4,6 % | 5,1 % | 5,5 % | 6,0 % |
| | reste à charge | 257 € | 286 € | 324 € | 368 € | 403 € |
| **Garde à domicile** | | | | | | |
| **2 SMIC** | taux d'effort | 51,0 % | 30,5 % | 33,1 % | 45,6 % | 49,1 % |
| | reste à charge | 1 076 € | 678 € | 757 € | 1 092 € | 1 191 € |
| **4 SMIC** | taux d'effort | 24,1 % | 19,2 % | 20,6 % | 27,2 % | 29,1 % |
| | reste à charge | 935 € | 786 € | 868 € | 1 205 € | 1 306 € |
| **6 SMIC** | taux d'effort | 11,4 % | 12,7 % | 13,6 % | 18,0 % | 19,3 % |
| | reste à charge | 667 € | 786 € | 868 € | 1 205 € | 1 306 € |
| **Garde à domicile partagée** | | | | | | |
| **2 SMIC** | taux d'effort | 20,5 % | 10,5 % | 11,0 % | 13,9 % | 14,5 % |
| | reste à charge | 433 € | 234 € | 252 € | 333 € | 353 € |
| **4 SMIC** | taux d'effort | 7,5 % | 7,0 % | 7,3 % | 8,8 % | 9,2 % |
| | reste à charge | 292 € | 288 € | 308 € | 390 € | 410 € |
| **6 SMIC** | taux d'effort | 4,5 % | 4,7 % | 4,8 % | 5,8 % | 6,1 % |
| | reste à charge | 266 € | 288 € | 308 € | 390 € | 410 € |
| **Place en établissement collectif** | | | | | | |
| **2 SMIC** | taux d'effort | 5,2 % | 4,5 % | 4,8 % | 4,9 % | 5,0 % |
| | reste à charge | 109 € | 100 € | 111 € | 117 € | 120 € |
| **4 SMIC** | taux d'effort | 8,1 % | 7,2 % | 7,5 % | 7,4 % | 7,5 % |
| | reste à charge | 314 € | 295 € | 317 € | 329 € | 337 € |
| **6 SMIC** | taux d'effort | 5,5 % | 5,4 % | 5,5 % | 5,3 % | 5,4 % |
| | reste à charge | 323 € | 337 € | 349 € | 354 € | 363 € |

*Source :* Calculs CNAF-DSS.

### Pour une famille monoparentale avec un revenu d'un SMIC en 2013

| | Assistant maternelle | Garde à domicile | Garde à domicile partagée | Place en établissement collectif |
|---|---|---|---|---|
| Taux d'effort | 11,6 % | 78,3 % | 20,6 % | 2,3 % |
| Reste à charge | 151 € | 1 022 € | 268 € | 30 € |

*Source :* Calculs CNAF-DSS.

# Remerciements

Je remercie infiniment toutes les personnes interrogées dans ce livre, qui ont passé beaucoup de temps à m'expliquer comment fonctionnait le secteur de la petite enfance et qui ont accepté de partager leurs expériences professionnelles ou leurs « galères » de mode de garde. Merci à toutes pour leur générosité.

Merci à Mathilde Nobécourt, des éditions Albin Michel, pour sa confiance et son enthousiasme.

Merci à mes collègues et rédactrices en chef du magazine *Elle* pour leurs encouragements.

Merci à mes relecteurs, pour leurs précieuses suggestions.

Merci à mes amis pour leurs pensées au fil du marathonien travail d'écriture.

Reconnaissance éternelle à mon mari qui a gardé les enfants !

Spéciale dédicace aux baby-sitters qui m'ont permis de travailler sereinement.

Pour la suite des aventures de la garde d'enfant, je vous invite à vous connecter sur le site www.quivagardermesenfants.com.

Bonne « chance » à tous dans vos recherches !

# Table



PREMIÈRE PARTIE

## La garde collective de 0 à 3 ans

## DEUXIÈME PARTIE

## La garde individuelle de 0 à 3 ans

## TROISIÈME PARTIE
## La garde après l'école

*Conception et réalisation : Louise Daniel*

*Impression : Normandie Roto Impression s.a.s., avril 2014*
*Éditions Albin Michel*
*22, rue Huyghens, 75014 Paris*
*www.albin-michel.fr*
*ISBN : 978-2-226-25708-6*
*N° d'édition : 21155/01. N° d'impression : 1401511*
*Dépôt légal : mai 2014*
*Imprimé en France*